Barcelona

guide

design

Guía de Barcelona
a cargo de
Juliet Pomés Leiz
y Ricardo Feriche
Dibujos de
Juliet Pomés Leiz
A guide to Barcelona
compiled by
Juliet Pomés Leiz
and Ricardo Feriche
Drawings by
Juliet Pomés Leiz

GG®

Editorial Gustavo Gili, S A

08029 Barcelona   Rosellón, 87-89. Tel. 93 3228161

Dirección: Juliet Pomés Leiz y Ricardo Feriche.	Direction: Juliet Pomés Leiz and Ricardo Feriche.
Coordinación: Claudia van der Kraan.	Coordination: Claudia van der Kraan.
Colaboradores: Belén Feduchi, Esther Feriche, Jordi Marsal, Helena de la Guardia y Mireia Trius.	Contributors: Belén Feduchi, Esther Feriche, Jordi Marsal, Helena de la Guardia and Mireia Trius.
Itinerarios arquitectónicos: Octavio Mestre.	Architectural itineraries: Octavio Mestre.
Estudios de diseño y arquitectura: Marta Rodríguez Bosch.	Design and architecture studios: Marta Rodríguez Bosch.
Dibujos: Juliet Pomés Leiz.	Drawings: Juliet Pomés Leiz.
Traducción: Graham Thomson.	Translation: Graham Thomson.
Diseño cubierta: Estudi Coma	Cover Design: Estudi Coma

3.ª edición español/inglés: 1999

3.rd spanish/english edition: 1999

© Editorial Gustavo Gili, SA, Barcelona, 1999

ISBN: 84-252-1728-8
Depósito Legal: B. 24.375-1999
Type set: Tecfa®, SA - Barcelona
Printed in Spain by Gráficas 92, SA

ÍNDICE CONTENTS

NOTA A LA 3.ª EDICIÓN
NOTE TO THE 3RD EDITION

En favor de la utilidad y amenidad de esta guía hemos optado por reducir la selección de puntos de interés a aquellos que creemos que verdaderamente contribuyen a configurar la identidad de Barcelona. Hemos omitido pues todas aquellas tiendas —salvo inevitables excepciones— que pertenecen a grandes marcas o cadenas con presencia en la mayoría de capitales del mundo. Queremos justificar así la notable ausencia de una serie de establecimientos que, si bien en términos estrictos de diseño merecerían ocupar un lugar en esta guía, no aportan nada sustancioso a las cualidades propias y diferenciadoras que constituyen a nuestro entender el auténtico atractivo de una ciudad.

With the intention of adding to the usefulness and convenience of this guide, we have decided to reduce the number of points of interest featured to concentrate on those which we believe play a genuinely important part in shaping Barcelona's identity. We have therefore omitted all of those shops and franchises —with one or two inescapable exceptions— which belong to major international chains. This decision explains the notable absence of a number of commercial establishments which, although deserving of inclusion here in strictly design terms, make no significant contribution to those distinctive and essential qualities we regard as constituing the true appeal of a city.

TELÉFONOS ÚTILES
USEFUL TELEPHONE NUMBERS

010	**Barcelona información** Barcelona information
93 3002020	**Ambulancias /** Ambulance **Cruz Roja /** Red Cross
93 3297766	**Municipal** Municipal
93 4307000	**Servicio Urgencias Médicas** Emergency medical services
092	**Guardia Urbana** City police
091	**Policía Nacional** National police
93 4120000	**Información Transportes Públicos** Public transport information
93 2983838	**Aeropuerto /** Airport **Centralita /** Main switchboard
93 4125667	**Información vuelos** Flight information
93 4900202	**Información Renfe** Renfe rail information
90 6370003	**Información meteorológica** Weather information
93 8892211	**Información de carreteras** Road information
93 4027000	**Ayuntamiento (centralita)** City Council (main switchboard)
93 4023160	**Objetos perdidos** Lost property
93 2660102 / 93 3003811	**Taxi** Taxi
93 3183831	**Correos** Post office
93 3222000	**Telegramas por teléfono** Telegrams by telephone
080	**Bomberos** Fire brigade
096	**Despertador telefónico** Telephone alarm calls

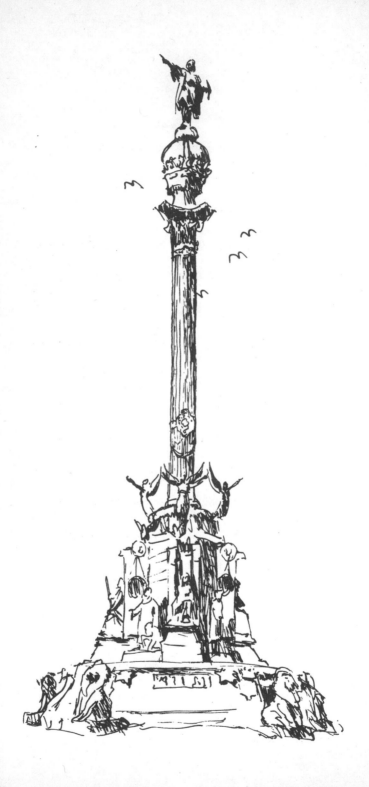

ITINERARIOS ARQUITECTÓNICOS
ARCHITECTURAL ITINERARIES

1 – DESDE LA CATEDRAL AL HOSPITAL ANTITUBERCULOSO

Durante los siglos XIII y XIV Barcelona vivió uno de sus momentos cumbres al controlar las rutas comerciales con Oriente. Este hecho favoreció el florecimiento de la economía nacional. En sólo dos siglos Barcelona construyó sus dos últimas murallas en torno a su primitivo núcleo romano: la primera hasta la Rambla, por aquel entonces "riera", y la segunda para englobar el barrio del Raval en el que se establecieron diversas instituciones religiosas. La **catedral** (1) era la pieza organizadora de toda ciudad gótica y proponemos, por tanto, empezar con ella la visita. Construida en su mayoría durante el siglo XIV consta de tres naves de altura similar que dan al conjunto una sensación de espacio único muy distinta a la que produce el gótico de los países del norte.

La Plaça de Sant Jaume se configuró en 1824, sobre el punto central del primitivo castro romano, cuando una ley obligó a trasladar los cementerios fuera del recinto amurallado. Tal circunstancia se aprovechó para construir la fachada neoclásica del ayuntamiento. Aún se conserva sin embargo, en la fachada lateral, la que fuera puerta principal del edificio gótico y el magnífico **Saló de Cent** (2), sede del primer 'parlamento' catalán, con su cubierta plana envigada sobre arcos fajones. Enfrente, el **palacio de la Generalitat** (3) guarda en su interior el patio de los naranjos. Ambos son magníficas muestras de la influencia de la arquitectura árabe en el gótico catalán, tras la conquista de los reinos de Mallorca y Valencia por Jaime I. Desviándonos a un lado encontramos

1 – FROM THE CATHEDRAL TO THE ANTITUBERCULOSIS HOSPITAL

The 14th and 15th centuries were for Barcelona one of its periods of greatest importance, coinciding with the city's control of the trade routes to the Orient, a fact which stimulated the expansion of the local economy. In only two centuries Barcelona built the last two walls around her original Roman nucleus: the first running as far as the Rambla, at that time a watercourse, and the second encircling the Raval district, in which a number of religious houses had been established. The **cathedral** (1) is inevitably the organizing element in any Gothic city, and we therefore propose to start our visit there. Built in the main during the 14th century, it has three naves, all of more or less the same height, which gives the whole a sense of being a single space, quite different from the effect produced by Gothic cathedrals in northern Europe.

The Plaça Sant Jaume was laid out in 1824 on top of the central point of the old Roman fort, when a law made it necessary to move all cemeteries outside of the walled city. This circumstance provided the opportunity to construct the neoclassical facade of the Ajuntament, the city hall. However, the main entrance to the Gothic building is still to be seen on the side facade, and the **Saló de Cent** (2) has also been conserved, the seat of the first Catalan 'parliament', with its flat beamed roof over slender arched windows. Opposite the Ajuntament is the **Palau de la Generalitat**, (3) guarding in its interior its courtyard of orange trees. Both of these buildings are magnificent examples of the influ-

la **Plaça del Rei** (4) en donde se halla el Palacio Real Mayor del que forman parte el Saló del Tinell y la capilla de Santa Águeda.

Si seguíamos nuestro recorrido por la calle Ferran, calle que se abrió a la manera de lo que Haussmann hiciera en París para desventrar el abigarrado casco histórico, llegaremos a la **Plaça Reial** (5) –plaza porticada a usanza de las antiguas plazas mayores–, que ocupa el lugar de un antiguo convento. Otra plaza, la de Sant Josep, ocupada hoy por el **mercado de la Boquería** (6), tiene ese mismo origen. Antes de descender Rambla abajo, acerquémonos al palacio que Antoni Gaudí construyera para los Güell en la calle **Nou de la Rambla nº 3** (7) y que hoy alberga el Museu del Teatre.

Llegando a Colón, uno de los monumentos más emblemáticos de la ciudad, hallaremos el antiguo **convento de Santa Mónica** (8), convertido en centro de exposiciones temporales con el objetivo de revitalizar la parte baja de la Rambla. Detrás asoman las **Drassanes** (9), lugar en el que se construyeran los barcos de la marina real durante los siglos XIII y XIV y cuya impresionante sucesión de naves es un claro precedente de la arquitectura fabril del siglo XIX. La visita puede continuarse recorriendo el **Moll de la Fusta** (10), el antiguo puerto remodelado que se constituye, de esta manera, en la primera fachada recuperada al mar. Por aquí, siguiendo las pasarelas de madera de la Rambla del Mar accederemos al **Maremagnum** (11), estupendo centro comercial, al **Acuario** (12), obra de los hermanos Terrades y al cine **IMAX** (13), de Enric Garcés y Jordi Sòria. Por aquí pasa el cinturón del litoral que sirve de enlace entre la Villa Olímpica y las instalaciones deportivas construidas en Monjuïc para los JJ.OO. También puede visitarse la **plaza de la Mercé** (14), situada enfrente de la iglesia barroca del mismo nombre. La plaza se creó en 1981, tras la demolición del bloque de viviendas que ocupaba su lugar; siguiendo la política del ayuntamiento de potenciar la creación de nuevos espacios urbanos se han generado un sinfín de parques y plazas, durante la pasada y la actual década.

Al otro lado del puerto se halla la Barceloneta, barrio construido en el siglo XVIII cuando los recién llegados Borbones destruyeron la zona de la Ribera y se vieron en la necesidad de realojar a la población que se quedó sin vivienda. Tras la demolición de los

ence of Moorish architecture on Catalan Gothic, a consequence of the conquest of the kingdoms of Mallorca and Valencia by King Jaume I. A few steps from the Palau we come to the **Plaça del Rei**, (4) in which we find the Palau Reial Major, of which the Saló del Tinell, and the Santa Agueda chapel are important parts.

Continuing our itinerary along c/ Ferran, a street opened in the same way as Haussman was doing in Paris, to impose some order to the heterogeneity of the historic centre, we come to the **Plaça Reial**, (5) a porticoed square in the style of the old main plazas, on the site of a former convent. Another square, the Plaça Sant Josep, now occupied by the **Boqueria food market** (6) has a similar origin. Before making our way down the Rambla, we might pass by the palace built by Antoni Gaudí for the Güell family at no. 3, **Nou de la Rambla**, (7) which now houses the Museu del Teatre.

As we approach the statue of Columbus, one of the city's most emblematic monuments, we find on our right the old **convent of Santa Mònica** (8) recently converted to become a centre for temporary exhibitions with the aim of revitalizing the lower part of the Rambla. The **Drassanes** complex (9) rise up behind it, the shipyards in which the vessels of the royal fleet were built in the 13th and 14th centuries, whose impressive series of workshops is a clear predecessor of the factory architecture of the 19th century. The itinerary continues along the **Moll de la Fusta** (10) the remodelled old port which now constitutes the first stretch of maritime facade to be recovered by the city. Here, walking across the boards of the Rambla de Mar pedestrian bridge, we come to the great **Maremagnum** shopping centre, (11) the **Aquarium** (12) designed by the Terradas brothers, and the **IMAX** cinema, (13) by Enric Garcés and Jordi Sòria. Along here runs the coastal ring road built to link the Olimpic Village with the sports installations of the Olympic Ring on Montjuic. The visitor might also wish to see the **Plaça de la Mercè** (14) in front of the baroque church of the same name. The square was created in 1981 with the demolition of the block of houses which previously occupied the site, as part of the city council's policy of promoting the opening up of a large number of new urban spaces, which made it possible to create a

viejos tinglados del Passeig Joan de Borbó se tiene una imagen hasta ahora inédita del perfil urbano de la ciudad histórica. El edificio de José Antonio Coderch **–en el n° 48 del citado paseo**, restaurado a principios de los noventa– (15) merece una visita. Los nuevos monarcas levantaron, además, una ciudadela militar que siempre fue vista como un símbolo de la opresión central y que, al demolerse por petición popular, daría lugar a los terrenos del parque que serían sede de la Exposición Universal de1888. En él se hallan edificios de la importancia del **restaurante de la Exposición** (16) –obra de Lluís Domènech i Montaner y hoy Museu de Zoologia–, el Umbráculo, el Invernáculo y el Museu d'Art Modern.

Si volvemos sobre nuestros pasos nos encontramos con el antiguo **mercado del Born** (17), exponente de la arquitectura de hierro fundido de finales de siglo. Al fondo, **Santa Maria del Mar** (18), una de las más sobrias e impresionantes muestras del gótico catalán, remata la vista. A sus pies nace la **calle Montcada** (19) que fuera sede de la burguesía de los siglos XIV al XVII. La casa Berenguer de Aguilar –hoy **Museu Picasso** (20)–, la casa Cervelló –hoy Fundación Maeght–, o los palacios Dalmases y del Marqués de León, sedes del Omnium Cultural y el Museu Rocamora, respectivamente, responden a la tipología del gótico civil catalán en el que, tras el vestíbulo, se abre un patio a cielo abierto que da acceso a la escalera principal. La colección de arte precolombino Barbier Mueller se instaló,

Museu Picasso

whole series of parks and plazas during the course of the eighties.

On the other side of the harbour is the Barceloneta, a residential district constructed in the 18th century when the newly installed Bourbon monarchy, after destroying the Ribera area, found it necessary to rehouse the people that had been left homeless. Since the recent demolition of the old dockside warehouses on the Passeig Nacional the view of the skyline of the historic city can be seen as never before. The building by Coderch **at no. 48 of the same Passelg**, (15) restored in the early 90s, is worth a visit. The Bourbons also constructed a military citadel, which was viewed from the start as a symbol of oppression from the centre; when this was dismantled as a result of a petition by the citizens it made way for the parkland which was later to accommodate the Universal Exposition of 1888. The park includes several buildings of importance, such as the **Exposition Restaurant** (16) by Domènech i Montaner, and now home to the city's Zoology Museum, the Umbracle, the Hivernacle and the Museu d'Art Modern.

Turning back on our tracks we come to the old **Born market**, (17) In the background the church of **Santa Maria del Mar**, (18) one of the soberest and most impressive examples of Catalan Gothic, crowns the scene.

C/ Montcada (19), enclave of the city's burghers from the 14th to the 17th centuries, begins at the foot of the church. The Berenguer d'Aguilar house, today the **Museu Picasso**, (20) the Cervelló house, now the Fundación Maeght; and the palaces of the Dalmases and the Marquès de Lleó, which now house the Omnium Cultural and the Museu Rocamora, respectively, all correspond to the typology of Catalan civil Gothic in which, beyond the entrance hall, an open courtyard gives access to the main stairway. The Barbier Mueller collection of pre-Columbian art was installed in the Palau Nadal in May 1997. The visit might be completed by coming out onto the Via Laietana –a thoroughfare cut through the historic Casc Antic to link the Eixample with the commercial port at the beginning of this century– from which there is a marvellous view of the 3rd century Roman wall (21). Just up from this, at no. 50, is the **Casa dels Velers** (22), celebrated for its richly sgrafittoed facade, and behind it the **Palau de la**

en mayo del 97, en el Palau Nadal. La visita puede completarse saliendo a la Via Laietana –calle que se abriera a través del casco antiguo para conectar el Ensanche con el puerto comercial, a principios de siglo– desde la que se tendrá una impresionante vista de la muralla romana del siglo III (21). Más arriba, en el n° 50, está la **Casa dels Velers** (22), célebre por su profusión de esgrafiados. Tras ella se encuentra el **Palau de la Música** –Alta de San Pedro, 13– (23), obra cumbre del modernista Domènech i Montaner que ha sido brillantemente restaurado por Oscar Tusquets y Carles Díaz.

Alternativo al citado recorrido podemos, desde la catedral, acercarnos por la calle Petritxol hasta **Santa Maria del Pi** (24) y cruzar después la Rambla por el Pla de la Boqueria, visitando el **Palau de la Virreina** (25), hoy sede de numerosas exposiciones. En la Rambla el **Hotel Citadines** de Esteve Bonell (26), el edificio "inteligente" de M.B.M. o el cuartel de la Policía de Distrito, de Artigues y Sanabria, son muestras desiguales de distintas maneras de concebir la arquitectura moderna insertada en los centros históricos. Cruzando la Rambla llegaremos hasta el complejo del **Hospital de la Santa Creu** y la **Casa de la Convalescència** (27). Muy cerca, las viviendas de Pepe Llinàs –calle **Carme esquina Roig** (28)– son una inteligente muestra de cómo todo está por inventar si se plantea el trabajo de arquitecto desde el oficio y la honestidad. Un poco más arriba, la **Casa de la Caridad**, de Albert Viaplana y Helio Piñón (29), hoy Centro de Cultura Contemporánea, y el **Museo de Arte Contemporáneo** de Richard Meier (30) se constituyen en auténticos buques insignia desde los que emprender la regeneración de un barrio.

Contextualizando con su entorno, el primero, o entendido de manera autónoma, el blanco edificio del americano, son hoy dos de los más activos museos de la ciudad. En todo el Raval se han realizado, además, numerosas operaciones de vivienda social (ver las de la calle Oms, o la magnífica **Residencia de estudiantes** de los Terrades y Rafael de Cáceres (31). La visita puede completarse con el **Hospital antituberculoso** (32) –calle Torres Amat/Sant Bernat,10–, obra racionalista de los años treinta de Josep Sert y Torres Clavé.

Música (23) at Sant Pere més alt, 13, that supreme achievement of the Modernista Domènech i Montaner, brilliantly restored by Oscar Tusquets and Carles Díaz.

As an alternative to the route outlined above, we might set out instead from the Cathedral along c/ Petritxol to **Santa Maria del Pi**, (24) and cross the Rambla at the Pla de la Boqueria to visit the **Palau de la Virreina**, (25) now a much-visited exhibition gallery, On the Ramblas, the **Hotel Citadines** designed by Esteve Bonell, (26) the 'intelligent' building by MBM and the district headquarters of the city police by Artigues and Sanabria are all in their by no means equal ways examples of different approaches to the problem of inserting modern architecture into the historic city centre. Crossing the Ramblas we come next to the architectural complex of the **Hospital de la Santa Creu** and the **Casa de la Convalescència** (27) Very near here, the apartment building by Josep Llinàs –c/ **Carme on the corner of c/ Roig** (28)– is an intelligent demonstration of the fact that there is ample space for invention if the business of architecture is approached with skill and honesty. A little further up, the **Casa de la Caritat**, by Albert Viaplana and Helio Piñón (29) refurbished to house the Centre de Cultura Contemporània, and the **Museu d'Art Contemporània** by Richard Meier (30) are real flagships, the outstanding elements in the process of regenerating an entire neighbourhood. By emphasizing the context of its surroundings, as the first does, or conceived as an autonomous entity, as the American Meier's white building is, these are now two of the city's most active museums. In addition, all through the Raval district there have been numerous subsidized housing projects (such as the one in c/ Oms; see, too, the magnificent **students' residence** by the Terradas brothers and Rafael de Cáceres (31) The visit might be rounded off with the **antituberculosis clinic** (32) at c/ Torres Amat/Sant Bernat, 10, a rationalist work from the thirties by Josep Sert and Torres Clavé.

2 – DESDE LA PLAÇA CATALUNYA A LA SAGRADA FAMÍLIA

Pasado el esplendor del periodo gótico, Barcelona tendrá que esperar al final del siglo XIX, cuando el dinero de los indianos que volvían de América y el proveniente de la primera revolución industrial propiciará un resurgimiento nacional de las artes y las letras, la Renaixença, cuya máxima expresión urbana será la demolición de las murallas y la construcción del nuevo Ensanche. Proyectado por Ildefonso Cerdà, el Ensanche preveía la construcción de una trama isótropa y uniforme sobre la que destacarían tres calles principales: la Diagonal, la Gran Via y la Meridiana que habrían de cruzarse en la plaza de las Glorias, el centro geográfico de la Barcelona resultante. Aunque, de hecho, ese centro no llegará nunca a funcionar como tal y seguirá vacío hasta nuestros días, en la medida en que la burguesía se estableció en los alrededores del Passeig de Gràcia, y la clase trabajadora en los barrios del este, para acabar ubicándose las fábricas cerca del mar y cerca de la primera red de ferrocarril que se construyera en España, paralela a la costa, de Barcelona a Mataró.

Podemos iniciar el recorrido en la Plaça Catalunya, en la que tras varias décadas de dominio de los bancos, los grandes almacenes y cafés internacionales han hecho su aparición devolviéndole una nueva vida. Ahí empieza el Passeig de Gràcia con las imponentes casas **Rocamora** (33) –del n° 6 al 14–. Acerquémonos, desde ellas a visitar el **Casal de Sant Jordi** (34) –Via Laietana, 81–, obra de Francesc Folguera y una de las piezas claves del *noucentisme*. Este movimiento autóctono acabará imponiéndose a la exuberancia ornamental de los modernistas en un intento de retornar a las raíces clásicas de la arquitectura. Comparémosla con la **casa Calvet** de Antoni Gaudí (35) de la calle Caspe, n° 48 (cuyos bajos se han transformado en restaurante). Subiendo por Roger de Llúria encontramos el **pasaje Permanyer** (36), que puede darnos una idea de cómo Ildefons Cerdà concibiera su Ensanche, según los modelos ingleses de ciudad jardín. Justo enfrente, desde la calle Roger de Llúria, podemos acceder al interior de uno de los patios de manzana, el **Pati de les Aigues** (37), el primero de la docena recuperados por el

2 – FROM PLAÇA CATALUNYA TO THE SAGRADA FAMILIA

After the splendour of the Gothic period, Barcelona had to wait until the end of the 19th century for the riches brought back from the Americas and the wealth created by the first industrial revolution to give the impetus to a national resurgence in art and letters, the Renaixença, whose ultimate civic expression was the demolition of the city walls and the construction of the new Eixample.

Planned by Ildefons Cerdà, the Eixample scheme envisaged the construction of a regular isotropic urban grid, on which three main streets would stand out: the Diagonal, the Gran Via and the Meridiana, which would all meet at the Plaça de les Glòries, intended to be the geographical centre of the new Barcelona. In fact, however, this centre was never to function as such, and remains empty to this day, in that the bourgeoisie chose to install themselves around the Passeig de Gràcia, with the working classes established in the neighbourhoods in the east of the city, while the factories were located close to the sea flanking the first railway line to be laid in Spain, along the coast between Barcelona and Mataró.

We might commence our itinerary at Plaça Catalunya, where after several decades of domination by bank headquarters, the square has now been given a new lease of life by international cafés and department stores. The Passeig de Gràcia starts here, with the imposing **Rocamora** houses (33) at nos. 6 and 14. From here we can move on the **Casal de Sant Jordi** (34) at Via Laietana 81, the work of Francesc Folguera and a key piece in the development of Noucentisme, the independent Catalan movement which succeeded the ornamental exuberance of Modernisme and brought a return to architecture's classical roots. We might compare Folguera's building with the **Casa Calvet** (35) by Antoni Gaudí at c/ Casp, 48 (the ground floor of which has been converted into a restaurant). Going on up c/ Roger de Llúria, we come to the **Passatge Permanyer** (36), whicj will give us an idea of how Ildefons Cerdà conceived of his Eixample on the basis of the English garden city model. Directly opposite this, we can make our way in from c/ Roger de

11

Casa Batlló

ayuntamiento que ve, de esta manera, la posibilidad de convertir algunos de ellos en las plazas de las que el Ensanche carece.

Retomemos el Passeig de Gràcia. Sólo en la manzana situada entre Aragó y Consell de Cent encontraremos la **casa Lleó Morera** (38), obra de Domènech i Montaner y hoy sede del Patronato Municipal de Turismo; la **casa Ametller** (39), obra de Puig i Cadafalch, y la **casa Batlló** (40) de Antoni Gaudí en una interesante confrontación de los que fueran los tres arquitectos más importantes del modernismo –n° 35, 41 y 43, respectivamente–. Merece la pena acercarse desde allí a la antigua editorial **Montaner y Simón** (41) –calle Aragón, 255– transformada en sede de la Fundación Tàpies y coronada con una escultura del insigne artista. Más arriba, antes de llegar a la Pedrera, encontramos la **Banca Catalana** (42) –Passeig de Gràcia, 84–, excelente edificio de Tous y Fargas de los años sesenta. La casa Milà, también conocida como la **Pedrera** (43) pasa por ser una de las obras cumbres de la arquitectura mundial. Con sus dos patios polícromos, su anticipación a lo que será la planta libre del movimiento moderno, sus chimeneas a caballo de algunas experiencias del mejor surrealismo de vanguardia y con el movimiento sinuoso de su pétrea fachada, que nos recuerda a buena parte de la

Llúria to the **Pati de les Aigües** (37) in the interior of the block, the first of the dozen or so to be rehabilitated by the City Council, with he aim of converting some of them into the public squares so rarely found in the Eixample.

Returning to the Passeig de Gràcia, we have, in the space of one block between c/ Aragó and c/ Consell de Cent, the **Lleó Morera house** (38) by Domènech i Montaner (now the home of the Patronat Municipal de Turisme), the **Casa Ametller** (39), the work of Puig i Cadafalch, and the **Casa Batlló** (40) by Antoni Gaudí, an interesting juxtaposition of the three most important Modernista architects, at nos. 35, 41 and 43, respectively. From here, it is well worth turning the corner to come to the old **Montaner i Simón** publishing house (41) at c/ Aragó, 255, converted to house the Fundacló Tàpies and crowned by one of the celebrated artist's own sculptures. Further up the Passeig de Gràcia, at no. 84, before we reach the Pedrera, is the **Banca Catalana**, (42) a fine building from the 60s by Tous and Fargas. The Casa Millà, also known as the **Pedrera**, (43) is widely regarded as one of the world's great works of architecture. With its two polychrome courtyards, its anticipation of the Modern Movement's open floor plan, its chimneys which come close to the very best avant-garde surrealism, and the sinuous movement of the stone facade, which invokes so much of the expressionist architecture which was to follow it, Gaudí gives evidence in this building of the oneiric quality of his imagination.

Continuing on our way, and crossing the Diagonal, we stop next at the **Casa Fuster**, (44) Passeig de Gràcia, 132, by Domènech i Montaner. This tour of Modernista architecture should

La Pedrera

arquitectura expresionista posterior, Gaudí da muestras en esta obra de la más onírica de las imaginaciones.

Sigamos, cruzando la Diagonal, hasta el n° 132 del Passeig de Gràcia donde se halla la **casa Fuster** (44) de Domènech i Montaner. En nuestro recorrido modernista nos encontraremos con el **Palau Quadras** (45), obra de Puig i Cadafalch y con la **casa Comalat** (46), obra de Salvador Valeri que agota, hasta la caricatura, algunos de los recursos modernistas más usuales (Diagonal, 373 y 442, respectivamente). **La casa de las Punxes** (47) –Diagonal, 416– constituye uno de los conjuntos urbanos más importantes del autor del Café dels Quatre Gats. En ella se observa claramente la influencia de la arquitectura neogótica de raíz centroeuropea que presidirá buena parte del que, a la postre, sería uno de los máximos exponentes del *noucentisme* antes de caer en el ostracismo, tras la guerra civil. Más abajo, en la calle Mallorca n° 291, la **casa Thomas**, de Domènech i Montaner (48), originalmente de dos plantas y ampliada por Francesc Guàrdia hasta su altura actual, alberga la sede de BD (Barcelona Diseño).

Ya en el n° 8 del Passeig de Sant Joan, el **Palau Macaya** (49) constituye una reinterpretación modernista de la tipología del palacio gótico catalán. Tras visitar la **fábrica Myrurgia** (50) –Mallorca, 351–, obra de Antoni Puig i Gairalt, merece la pena que nos acerquemos a la casa que Josep Mª Jujol hiciera en la **Diagonal, 332** (51). Jujol fue el discípulo y fiel colaborador de Gaudí y a él se atribuyen tanto el banco del Parc Güell como el trabajo de forja de la Pedrera. Subiendo por Cerdeña llegamos a la **Sagrada Família** (52), el templo expiatorio que Gaudí construyera en paralelo con el resto de sus obras, prácticamente durante toda su vida. Gaudí apenas alcanzó a ver construida la fachada del Nacimiento y parte del ábside. Hoy contrastan las esculturas figurativas que recubren la fachada del Nacimiento con la geometrizada imagen que la catedral ofrece en su fachada de la Pasión. Existen otros edificios inacabados de Gaudí que hacen pensar en el poco sentido que tiene, hoy en día, la continuación de tan ingente obra. Uniendo la Sagrada Família con el **Hospital de Sant Pau** (53), otra de las obras de Domènech i Montaner, la Avda. de Gaudí pretende constituirse en la nueva rambla de la zona.

also take in the **Palau Quadras** (45), the work of Puig i Cadafalch, and the **Casa Comalat**, (46) by Salvador Valeri, which exploits the standard repertoire Modernista devices to the point of caricature (Diagonal, 373 and 442 respectively). The **Casa de les Punxes** (47) –Diagonal, 416– is one of the most important urban statements by the architect of the Cafè dels Quatre Gats. Here we can clearly see the influence of the neo-Gothic architecture of central Europe on a large part of the work of a man who was to be one of the greatest exponents of Noucentisme prior to his subsequent ostracism after the Spanish Civil War. A little lower down, at c/ Mallorca, 291, Domènech i Montaner's **Casa Thomas**, (48) originally only two storeys high until it was extended by Francesc Guardia, is the home of the BD (Barcelona Diseño) design firm.

Close by, at no. 8 of the Passeig de Sant Joan, the **Palau Macaya** (49) offers us Modernista interpretation of the typology of the Catalan Gothic palace. After visiting the **Myrurgia factory** (50) at c/ Mallorca, 351, by Antoni Puig i Gairalt, we ought not to miss the house that Jujol built at **Diagonal, 332**, (51) Josep Mª Jujol, a disciple of Gaudí and one of his most faithful collaborators, is credited with the sinuous bench in the Parc Güell and the wrought iron work on the Pedrera. Making our way up c/ Sardenya, we arrive next at the **Sagrada Familia**, (52) the expiatory temple which Gaudí worked on simultaneously with his other projects during almost the whole of his adult life, although he barely lived long enough to see the Nativity facade and part of the apse completed. Today, the figurative sculptures which cover the Nativity facade contrast sharply with the geometrical image presented by the Passion facade. The existence of a number of other unfinished buildings by Gaudí lends credibility to the view that it makes little sense nowadays to continue such an enormous work. Connecting the Sagrada Familia with the **Hospital de Sant Pau**, (53) another major work by Domènech i Montaner, the Avinguda de Gaudí, has established itself as a new Rambla for the area.

3 – DESDE EL MONASTE-RIO DE PEDRALBES A LOS EDIFICIOS TRADE

Este tercer itinerario doble se centrará en el sector noroeste en el que se hallan algunos de los mejores ejemplos de la arquitectura moderna de la ciudad. Durante los años cincuenta, unos cuantos arquitectos se erigieron en defensores y portavoces de la modernidad perdida tras la guerra civil. El Grup R aglutinó, en un principio, a gente tan dispar como J. A. Coderch, Pepe Pratmarsó, Francesc Mitjans, Antoni de Moragas o el entonces joven Oriol Bohigas. Con Josep Mª Sostres como hombre culto y con Coderch como gran figura, se dividieron a la postre en "racionalistas" y "realistas". De estos últimos nació la llamada Escuela de Barcelona que propugnó la recuperación y dignificación del ladrillo visto y tuvo en la vivienda social su eje central de experimentación, con la creación de los primeros polígonos como el de Montbau, los varios del río Besòs o el interesante grupo experimental de la calle Escorial.

Proponemos empezar la visita por el **monasterio de Pedralbes** (54) que fue fundado por Jaume II en 1326, según el modelo oficial de la época. En torno a una Iglesia de nave única y al claustro en forma de U se agrupaban el resto de dependencias. En el claustro se superponen tres galerías porticadas, quedando a modo de solana la superior. Hoy alberga la sede barcelonesa de la colección Thyssen Bornemisza. Algo más abajo, en la calle Sor Eulalia de Anzizu, se halla el conjunto residencial **Les Escales Park** (55), obra que J. Ll. Sert construyó en Barcelona a mediados de los sesenta, todavía en su exilio americano. Los dúplex de piedra artificial y pavés de Pep Bonet y Cristián Cirici de la calle **Tokio nº 2** (56), están entre las arquitecturas destacables de la zona.

Bajando por la Avda. de la Victoria nos encontramos con los **pabellones de la finca Güell** (57), hoy sede de la Cátedra Gaudí, en los que el arquitecto resolverá el espacio rectangular de las antiguas caballerizas a base de arcos parabólicos y bóvedas tabicadas. La portería, de planta octogonal y rematada por un curioso cupulín, configura el otro bastión de la magnífica puerta en la que se halla esculpido en forja un gran dragón. Desde allí proponemos un desvío para acercarnos hasta la **Quinta Amèlia** (58) cuyo parque, realizado por Elías Torres y José Antonio Martínez

3 – FROM THE MONAS-TERY OF PEDRALBES TO THE TRADE BUILDINGS

This third double itinerary is centred on the north-west sector, which contains some of the city's finest examples of modern architecture. During the fifties, a few architects set themselves up as defenders of and spokesmen for the Modernisme that was ousted after the Civil War. The 'Grup R' brought together, in its first period, such contrasting figures as J. A. Coderch, Pepé Pratmarsó, Francesc Mitjans, Antoni de Moragas and the then very young Oriol Bohigas. With Sostres as its scholar and Coderch as its great figure, the group subsequently split into 'rationalists' and 'realists'. The latter went on to become the so-called 'Barcelona School', which advocated the recovery and ennobling of exposed brick and focused on subsidised housing as its principal area of experimentation, with the construction of the first estates such as Montbau, those by the river Besós, and the interesting experimental group in **c/Escorial**.

A good place to begin our itinerary is the **monastery of Pedralbes**, (54) founded by Jaume II in 1326, in keeping with the official model of the period. The church with its single nave and U-shaped cloister is the core around which the rest of the buildings are grouped. The cloister has three porticoed galleries set one on top of another, the uppermost acting as a suntrap. The monastery now houses the Thyssen Bornemisza art collection. A little further down, in c/ Sor Eulàlia de Anzizu, we find the residential development of 'es **Escales Park,** (55) built by Sert in the mid-sixties, while he was still living in exile in America. The duplex apartments in artificial stone and glass brick by Pep Bonet and Cristián Cirici at **c/Tóquio, 2,** (56) are among the most interesting pieces of architecture in the area.

Heading down the Avda. de la Victòria we come next to the **Pavilions on the Güell estate**, (57) now home of the Càtedra Gaudí, in which Gaudí resolved the rectangular space of what was originally the stables on the basis of parabolic arches and Catalan vaults. The gatehouse, octagonal in plan and crowned by an unusual spire, forms the other bastion of the magnificent gateway, with its great wrought iron dragon. From here, we recommend a

Lapeña, es uno de los más sugerentes.
Llegando ya a la Diagonal nos encontramos con la **Facultad de Derecho** (59), obra maestra de los entonces jovencísimos Guillermo Giráldez, Xavier Subías y Pedro López Iñigo. El edificio, paradigma de la arquitectura de los cincuenta, resaltará volumétricamente las distintas funciones del programa con una "honradez" que les llevará a dejar vista la estructura metálica, en resonancia con buena parte de la iconografía del movimiento moderno. La ampliación ha sido llevada a cabo por Pepe Llinàs. Dirigiéndonos hacia la zona universitaria nos encontraremos con el **Palau de Pedralbes** (60), cuyos jardines se deben a Nicolau Rubió i Tudurí; con la **Facultad de Ciencias Económicas** (61), de los mismos autores que la Facultad de Derecho, y con la **Escuela de Altos Estudios Mercantiles** (62), según proyecto de los arquitectos Javier Carvajal y García de Castro del año 55. En ella, los autores opondrán una serie de volúmenes bajos al edificio principal, concebido como pantalla. En el Campus Nord, de entre todos los edificios levantados en los 90 destacaríamos la **Biblioteca** (63), de Ramón Artigues y Ramón Sanabria, y los edificios del **bar y la biblioteca de Ingenieros** (64), de Pepe Llinàs. Del otro lado de la Diagonal, el **hotel Juan Carlos I** (65), de Carles Ferrater vigila la escena. No estaría de más que, desde la zona universitaria, el viajero se acercara hasta Sant Just Desvern para ver el **Walden 7** (66), una de las obras más interesantes de Bofill que hay que entender como alternativa a la vivienda social de los años setenta. En cierto modo, la obra anuncia

Quinta Amèlia

detour to take in the **Quinta Amèlia**, (58) with its wonderfully evocative gardens by by Elías Torres and Martínez Lapeña.
Coming down to the Diagonal, we find ourselves facing the **Law Faculty building**, (59) a masterly piece of early work by the youthful Guillermo Giráldez, Xavier Subías and Pedro López Iñigo. A paradigm of fifties architecture, the building's volumetry brings out the different functions in the programme with an 'honesty' which has left the metal structure exposed, in keeping with so much of the iconography of the Modern Movement. The extension was carried out by Josep Llinàs. Moving on in the direction of the Zona Universitaria we come to the **Palau de Pedralbes**, (60) with its gardens by Nicolau Rubió i Tudurí; the **Economic Science Faculty**, (61) by the same architects as the Law Faculty, and the **School of Higher Commercial Studies**, (62) designed by Javier Carvajal and García de Castro in 1955, where the architects have opposed a series of low-rise volumes to the main bulding, conceived as a great screen. On the Campus Nord, we might single out from among the various buildings constructed during the nineties the **Main Library** (63) by Ramón Artigues and Ramón Sanabria, and the **Bar and the Engineering Library** (64) by Josep Llinàs. From the other side of the Diagonal the **Hotel Juan Carlos I** (65) by Carles Ferrater overlooks the scene. From the Zona Universitaria the visitor might easily go on to Sant Just Desvern to have a look at **Walden 7**, (66) one of Ricardo Bofill's most interesting schemes, which asks to be understood in terms of an alternative to the subsidied housing of the sixties. To a certain extent the project is an early statement of that monumental quality apparent in much of the architect's subsequent work. And having come this far, why not carry on to Santa Coloma de Cervelló to visit the **Crypt of the Colonia Güell**? (67).
Returning along the Diagonal by bus we can see a number of works of architecture from where we sit: the **Trade** buildings (68) by Coderch de Sentmenat, with their sinuous forms rising up behind the Corte Inglés; the **Banca Catalana** (69) by Tous and Fargas, which enjoys greater prestige among the general public than among members of the profession (see, too, the Caja de Madrid building by Tous); the new hotel and office buildings, outstanding among these being the

Facultad de Derecho

la tendencia hacia cierto monumentalismo que presidirá gran parte de la obra posterior del arquitecto. Y ya desde aquí ¿por qué no acercarnos a Santa Coloma de Cervelló para visitar la **cripta de la Colonia Güell?** (67).
Volviendo en autobús por la Diagonal podríamos ver, sin movernos del asiento, las siguientes obras: los edificios de oficinas **Trade** (68), de Coderch de Sentmenat, asomando sus formas sinuosas por detrás del Corte Inglés, la **Banca Catalana** (69) de Tous y Fargas, que goza de mayor crédito entre los profanos que entre los profesionales (véase, del primer autor, el edificio de la Caja de Madrid), los nuevos edificios de hoteles y oficinas entre los que destaca, por mérito propio, el **nuevo Hilton** de Viaplana y Piñón (70) –a quienes no se les permitió actuar en los interiores– y el magnífico **Centro Comercial l'Illa**, manzana continua de 300 metros según proyecto de Rafael Moneo y de Solà-Morales (71). En una zona de la Diagonal en que se apuesta por los bloques aislados, esa propuesta que no permite entrever los barrios que atravesamos, ganó el concurso restringido que se convocó al efecto. Más adelante, en el cruce con la Avda. de Sarrià, nos encontraremos con la **Atalaya** (72), de Federico Correa y Alfonso Milà, paradigma de lo que fueron los años 70 en Barcelona.
El segundo de los recorridos que proponemos es intercambiable en varios puntos con el que acabamos de describir y empezará y acabará en los edificios Trade. Siguiendo por el cinturón de Ronda en dirección hacia el colegio de las Teresianas nos encontraremos con las **Cocheras de Sarrià** –Passeig Manuel Girona/Juan Bosco– (73). Concebido como alternativa a los bloques lineales de la época, Coderch hará del retranqueo el *leitmotiv* del proyecto, creando esos "patios exteriores" de

new Hilton (70) by Viaplana and Piñón (they were not allowed to design the interiors) and the magnificent **L'Illa shopping centre**, with its uninterrupted 300-metre-long facade, by Rafael Moneo and de Solà-Morales, (71) On a stretch of the Diagonal where separate, free-standing blocks have traditionally been favoured, this scheme, which prevents us from seeing into the neighbourhood we are passing through, won the limited competition. A little further on, at the junction with the Avda. de Sarrià, is the **Atalaya** (72) by Federico Correa and Alfonso Milà, a paradigm of Barcelona's 70s style.
The second itinerary we propose is interchangeable at various points with the one described above, setting off from and terminating at the Trade Buildings. Following the Ronda ringroad in the direction of the Theresan college we arrive at the **Cotxeres de Sarrià** at Passeig Manuel Girona and c/ Joan Bosco. (73) Conceived as an alternative to the typically linear blocks of its time, Coderch made the stepping-back of the facade the leitmotif of his project, creating those 'exterior courtyards' as a transition between street and dwelling, in an attempt to wish away the building's urban setting. Opposite, next to the former site of the Espanyol F.C. football stadium, are a **housing block** and a wonderful **service station**, both by **Mitjans**. (74) Further up we come to a virtuoso display in the use of the **false facade**, as part of the 'Barcelona posa't guapa' campaign, with which Pepita Teixidó covered up various boundary walls left exposed by the building of the new ring-road; (75) an apartment block in brick by Lluís Nadal at **c/ Tres Torres, 44**, (76) and the magnificent **Calatrava building** (77) by Xavier Llimona and Pere

transición entre la vivienda y la calle, en un intento de no reconocer el entorno urbano. Enfrente, al lado del desaparecido Estadio del Español F.C., se halla un **bloque** de viviendas y una magnífica **gasolinera**, ambos obra de **Mitjans** (74). Más arriba nos encontramos con un ejemplo de virtuosismo de **falsa fachada** (75), realizado por Pepita Teixidó dentro del programa "Barcelona posa't guapa" para disimular unas medianeras que el Cinturón dejó al descubierto, un bloque de ladrillo de Luis Nadal en la calle **Tres Torres n° 44** (76) y el magnífico **Edificio Calatrava** (77), de Xavier Llimona y Pere Ruiz Vallés, antes de llegar al **colegio de las Teresianas de Gaudí** (78).

Cruzando la Via Augusta, nos encontramos con la **manzana del Banco Urquijo** –calles Raset, Freixa, Modolell y Vico–(79), uno de los primeros conjuntos de bloques en el que Coderch ensayará su lenguaje de fachadas ciegas y ventanas-balcón en los ángulos, protegidas por lamas de madera. La planta, con su solución de salas de estar dando tanto al interior de la parcela como a la calle, es magnífica. De ahí, por la calle Modolell, podemos llegar a la plaza de San Gregorio en la que se halla, en una de sus esquinas, un **bloque de obra vista de Bofill** (80) de gran expresividad, que anticipará con sus chimeneas lo que depués hará en el barrio Gaudí de Reus. Subiendo por Juan Sebastián Bach, en el n° 7 nos encontraremos con **una obra de Coderch** (81) en la que destacaríamos el tratamiento de las celosías de la fachada principal que crean un maravilloso espacio de transición por donde respirará toda la casa respirará. Los forjados vistos, a la vez que dotarán de ritmo a la fachada, servirán de guía a las correderas. La fachada que se abre

Ruiz Vallés, before reaching **Gaudí's Theresan College**. (78)

Crossing Via Augusta we come next to the **Banco Urquijo block**, between c/ Raset, Freixa, Modolell and Vico, (79) one of the first schemes in which Coderch tested out his vocabulary of blind facades and 'balcony-windows on the corners, shielded by wooden louvres. The floor plan, with its disposition of the living rooms giving onto both the interior of the block and the street outside, is magnificent. From here we go down c/ Modolell to the Plaça Sant Gregori, where we find a highly expressive exposed brick **building by Ricardo Bofill** (80) occupying one corner, anticipating in its treatment of the chimneys what he went on to do in the Gaudí district in Reus. Going up c/ Johann Sebastian Bach now we come to a **building by Coderch** at no. 7 (81), whose treatment of the shutters on the main facade is particularly fine, creating a marvellous transition space through which the whole house can breathe. The exposed ironwork serves at once to mark the rhythm of the facade and to guide the sliding shutters. The facade which opens onto the entrance passage is an absolute classic. With buildings such as this, Coderch helped to create in the upper classes a taste for exposed structural elements which has since proliferated to the point of saturation.

We can now move on to look at the building by Mitjans at c/ **Amigó, 76**, (82) on our way to the Sert building at the corner of c/ **Muntaner and Rector Ubach** (83) in which in 1930 he embodied the idea of an apartment block composed of three superimposed duplexes, with his own studio

Edificios Trade

sobre el pasaje de acceso al inmueble es antológica. Coderch con edificios como éste ayudó a difundir entre la clase alta, el empleo de la obra vista que después se copiará hasta la saciedad.

Pasaríamos, entonces, a ver el edificio de Mitjans en la calle **Amigó nº 76**, (82) para llegar, después, al edificio de Sert de las calles **Muntaner/Rector Ubach** (83) en el que, en el año treinta, el arquitecto propuso un inmueble a base de tres dúplex superpuestos, sobre el cual tendría su propio estudio. En la zona podemos ver los dos edificios de Esteve Bonell: el **Frégoli** (84), situado en Madrazo nº 54, de mediados de los setenta, y el de la calle **Brusi nº 19** (85), de mediados de los ochenta y algo más amanerado. La **fábrica de joyería Monés** –calle Guillermo Tell, 51– (86) y la **casa estudio**, que para Tàpies hiciera Coderch (87) –calle Zaragoza, 57–, situadas apenas a 100 metros de distancia, son dos de las mejores obras del año sesenta que recurrirán al hermetismo de la celosía, tras la que esconder las diversas funciones a satisfacer. Desde aquí podemos acercarnos a la **casa Vicens**, de la calle Carolines (88), la primera de las obras que Gaudí hiciera para un conocido ceramista, utilizando diversos azulejos en la composición de la fachada.

Bajando por la **Via Augusta, en los nº 61 y 12** nos encontraremos con sendos edificios racionalistas de Germán Rodríguez Arias y Carlos Martínez Sánchez (89) y (90), ambos entre la mejor producción de principios de los treinta. El circuito racionalista puede completarse visitando el

Edificio de J. A. Coderch en J. S. Bach, 7

at the top. In the same neighbourhood we can see two buildings by Esteve Bonell: the **Fregoli**, (84) at c/ Madrazo, 54, from the mid-seventies, and the slightly more mannered building at **c/ Brusi, 19**, (85), from the mid-eighties. The **Monés jewelery workshop** at c/ Guillem Tell, 51, (86) and the **house-cum-studio** which Coderch designed for Antoni Tàpies at c/ Saragossa, 57 (87) –barely a hundred metres from each other– are two of the finest works of 1960, making use of the shutters as a hermetic enclosure behind which to conceal their various functions. We are now only a short walk from the **Casa Vicens** in c/ Carolines, (88) the first work that Gaudi undertook for a well-known ceramics manufacturer, in which he used different types of tile in the composition of the facade.

As we go down **Via Augusta** we can see a couple of rationalist buildings, at nos. 61 and 12, by Germán Rodríguez Arias and Carlos Martínez Sánchez, (89 and 90) both among the best work of the early thirties. The rationalist circuit might be completed with a visit to the building at the corner of the **Diagonal and c/ Enric Granados** by Ricardo Churruca and the already mentioned building by Rodríguez Arias, (91) who also designed the **Astoria building** at c/ Paris, 193. (92) Behind this is the **Institut Français** by Coderch, on c/ Moià, (93) and the headquarters of the **Caixa de Pensions** at Diagonal, 530, (94) the work of Xavier Busquets, who also designed the modern Col.legi d'Arquitectes building opposite the Cathedral.

An alternative route on the way back might take in the apartment building by Emiho Donato at **c/ Rosselló, 152**, (95) another magnificent example of the Barcelona School's work in brick; Cosp's fifties building on the corner of **c/ Mallorca and Enric Granados**; (96) the **Edificio Mediterráneo** on c/ Consell de Cent and Comte de Borrell, (97) in which Antoni Bonet Castellana sought new alternatives to the traditional way of occupying the chamfered corners of the Eixample block; the **Editorial Gustavo Gili** publishing house by Joaquim Gili and Francesc Bassó at c/ Rosselló, 89, (98) one of the most interesting works of fifties rationalism; Bofill's apartment building at the **junction of c/ Nicaragua and Marquès de Sentmenat**, (99) possibly

edificio de **Diagonal/Enrique Granados** de Ricardo de Churruca y el ya citado Rodríguez Arias (91), del que es también el **Edificio Astoria** de la calle París, 193 (92). Atrás hemos dejado el **Instituto Francés** de Coderch, en la calle Moià, (93) y la sede de la **Caixa de Pensions** en la Diagonal n° 530 (94), obra de Xavier Busquets, quien también realizó la moderna sede del Colegio de Arquitectos, enfrente de la catedral. Un recorrido de vuelta alternativo aconsejaría visitar el edificio de viviendas de Emilio Donato en la **calle Rosselló** n° 152 (95), otra magnífica muestra de lo que supuso el trabajo en ladrillo de la escuela de Barcelona; el edificio de Cosp de los años cincuenta en la esquina **Mallorca/Enrique Granados** (96), el **Edificio Mediterráneo** en Consejo de Ciento/Conde Borrell (97), en el que Antoni Bonet Castellana buscó nuevas alternativas a la ocupación tradicional de los chaflanes de la manzana del Ensanche; la **Editorial Gustavo Gili** de Joaquim Gili y Francesc Bassó en la calle Roselló, 89 (98), una de las obras del racionalismo de los años cincuenta más interesantes; el edificio de viviendas de Bofill en el **cruce de Nicaragua con Marqués de Sentmenat** (99), quizás la obra más sugerente de toda su trayectoria profesional y el edificio de la **calle Galileo n° 281**, de Mora, Viaplana y Piñón (100), obra que anticipa el rigor conceptual que presidirá toda la obra de estos arquitectos.

Edificio de J. Ll. Sert en Muntaner/Rector Ubach

the most evocative building of his entire career, and the construction by Mora, Viaplana and Piñon at c/ **Galileo, 281**, (100) which offers a first hint of the conceptual rigour which is paramount in all of the subsequent work by these architects.

4 – DESDE LA VILA OLÍMPICA AL PARC GÜELL

Ya hemos comentado, en alguna ocasión, la carencia de espacios verdes que tenía Barcelona hasta hace apenas una década. El cuarto de los itinerarios pretende mostrar algunas de las últimas realizaciones en la materia situadas en el sector oriental, quizás el más necesitado de todos ya que en esos barrios se establecieron las clases trabajadoras que vinieron a la ciudad atraídas por el *boom* de los años sesenta. En ellos la intervención del ayuntamiento ha tenido más incidencia al haber podido transformar viejas fábricas y antiguos terrenos de la vía férrea en una innumerable cantidad de plazas y parques públicos.
Proponemos, pues, empezar la visita dando la vuelta por debajo del parque de la Ciudadela. Este hecho nos permi-

4 – FROM THE OLYMPIC VILLAGE TO PARK GÜELL

We have already remarked on the lack of parks and landscaped spaces in Barcelona up until barely a decade ago. The fourth of our itineraries sets out to show some of the recent achievements in this area in the eastern part of the city, where perhaps such spaces are needed even more than elsewhere, this being the sector of the city in which large numbers of incomers settled, drawn by the *boom* of the sixties. Here the City Council's interventions have been most effective, thanks largely to their being able to transform abandoned factories and unused land owned by the railway into innumerable public parks and squares.
It might be appropriate to begin this

tirá ver el Cinturón del Litoral y entender la posición relativa de todo el sector industrial que, demolidas las viejas fábricas, se convirtió, con la excusa de los JJ.OO., en la Vila Olímpica, el primer paso para ganar la verdadera fachada al mar que tanto anhelaba Barcelona. La Vila, construida según el plan de Martorell, Bohigas y Mackay, hay que entenderla como alternativa al tejido tradicional del Ensanche; en ella se han ensayado otras tipologías viarias y residenciales que no tuvieron cabida en el plan de Cerdà. Entre la desigual producción –hay auténticas oportunidades fallidas– destacaríamos los **bloques de viviendas de Esteve Bonell** (101), los de **Viaplana y Piñón** (102) y los de **Elías Torres y Martínez Lapeña** (103) en la Plaça Joanot Martorell, las **pérgolas** de Enric Miralles de la Avda. Icària (104), el **Centro Abraham** (105) y, sobre todo, el magnífico icono de Frank Ghery, en forma de **pescado varado** (106) que está llamado a convertirse en símbolo del lugar. Subiendo por Carlos I –eje que enmarcan las dos torres de la Compañía Maphre y el Hotel de Les Arts– proponemos o bien tomar la calle Pallars y llegarnos hasta las **viviendas** que MBM (107) construyeran en los años cincuenta –del nº 301 al 319– o bien seguir hasta la Gran Via y, cruzando la Plaça de les Glòries, llegar por la Meridiana hasta el Parc del Clot. Ambos recorridos son interesantes. Las viviendas de ladrillo de MBM son uno de los mejores ejemplos de lo que dio en llamarse escuela de Barcelona, en clara conexión con el neorrealismo cinematográfico italiano. Muy cerca de las mismas se halla una reciente operación de **J.Ll. Mateo** (108) en la que el arquitecto hace del giro de los testeros el argumento de una inteligente composición fragmentaria. Si se tiene tiempo merece la pena desviarnos para visitar el edificio de **Hispano Olivetti** (109) que Elías Torres y Martínez Lapeña han adecuado como sede del vivero de empresas conocido por Barcelona Activa, mucho más interesante desde el punto de vista arquitectónico, que el complejo de **Barcelona Glòries** (110). Justo en el extremo opuesto, al otro lado de la Gran Via, la **plaza de la Palmera** (111) con el muro escultura de Richard Serra y el **colegio** del mismo nombre (112), obra de Moisés Gallego y Fran Fernández, merecen también una visita.

El otro recorrido alternativo permiti-

visit with a stroll around the area below the Ciutadella park, which will let us see something of the the Cinturó del Litoral urban expressway and understand the relative position of the former industrial district which, with the demolition of the old factories, was transformed into the Olympic Village, the first step towards regaining the genuine seafront Barcelona has so eagerly wanted for so long. The Olympic Village, constructed on the basis of a master plan by Martorell, Bohigas and Mackay, has to be understood as an alternative to the traditional built fabric of the Eixample, in which a variety of typologies for roads and housing that would not have fitted into the Cerdà grid have been tried out. Among the by no means universally successful architecture here –some great opportunities were thrown away– we might note in particular the **apartment blocks by Esteve Bonell** (101) those by **Viaplana and Piñón** (102) and those by **Elías Torres and Martínez Lapeña** (103) on the Plaça Joanot Martorell, the **pergolas** by Enric Miralles on Avinguda Icària (104) the **Centre Abraham** (105) and, above all, the magnificent emblem created by **Frank Gehry** in the form of a **great beached fish** (106) which seems to have established itself as the symbol of the area. Moving up Carles I –the axis signalled by the two skyscrapers of the MAPFRE insurance company and the Hotel de les Arts– we propose either going along c/ Pallars to take a look at the MBM **housing** built in the fifties, from nos. 301 to 319, (107) or carrying on up to the Gran Via and crossing the Plaça de les Glories and following the Meridiana to the Parc del Clot. Both of these itineraries are of interest. The brick building by MBM is one of the best examples of the work of what came to be known as the Barcelona School, showing clear connections with Italian cinematic neorealism. Close at hand here is a scheme by **J. Ll. Mateo**, (108) where the architect has used the turning of the walls as the line of argument in an intelligently fragmentary composition. If time permits, it is worth making the detour to see the **Hispano Olivetti** building (109) which Elías Torres and Martínez Lapeña converted to accommodate the 'Barcelona Activa' enterprise

ría pararnos en el **Parc de la Estació del Nord** (113), parque que queda configurado por una enorme instalación de Beverly Peppers de resonancias mironianas y gaudinianas, o bien seguir hasta la **Plaça de les Glòries** (114) que cambió totalmente de fisonomía en los últimos años y en cuyas inmediaciones se está acabando de construir el **Teatre Nacional** de Ricardo Bofill (115) y el **Auditorio Nacional** (116), según los planos de Rafael Moneo. El **Parc del Clot** (117) es una de las intervenciones más brillantes en las que se han aprovechado los restos que quedaban de los antiguos talleres de RENFE para crear una sutil combinación de elementos antiguos y modernos. Tanto el antiguo muro, convertido en soporte de una cascada, como la parte dura de juegos iluminada por cuatro torres de luz, así como la topografía artificial y las pasarelas que las conectan hablan de su magnífica concepción. Al fondo divisamos **el puente de Santiago Calatrava** –Bac de Roda/Felipe II (118)– que, colgado de dos grandes vigas por unos tensores metálicos, combina espectacularmente su función de conectar dos partes de la ciudad por encima de las vías del tren, a la vez que potencia el tratamiento de las áreas destinadas a los peatones. Justo enfrente, la **Plaça del General Moragas** (119) combina acertadamente diversos materiales en uno de los espacios públicos al descubierto mejor tratados. Las esculturas de Kelly sirven de punto focal perspectivo tanto de la plaza como del puente.

La próxima parada va a permitirnos visitar la soberbia escuela que **Bosch, Tarrús y Vives** hicieron en la Sagrera (120), en la que resaltaríamos tanto la solución del pilar en esquina como la situación del parvulario ocupando la planta superior, con accesos independientes del resto de la escuela. Un poco más allá está el **Parc de la Pegasso** de Joan Roig y Enric Batlle (121), ocupando el lugar de las antiguas naves de la fábrica del mismo nombre. Muy cerca, sobre la Meridiana, nos encontramos con dos edificios de viviendas en altura, ambos entre las mejores obras de los años sesenta. El primero, en **el nº 312 bis**, con una interesante solución de fachada y paredes de carga a pesar de su número de plantas, es obra del estudio MBM (122). El segundo, obra de Moragas, apea los muros al llegar a la planta baja en una solución similar a la que adoptara en

development body, which is far more interesting from the architectural point of view than the **Barcelona Glòries** complex. (110) Just opposite this, on the other side of the Gran Via, the **Plaça de la Palmera** (111) with its sculptural wall by Richard Serra, and the **school** building of the same name (112) by Moisés Gallego and Franc Fernández, are also well worth a visit.

The alternative route here would involve stopping at the **Parc de la Estació del Nord** (113), marked by an enormous installation by Beverly Peppers with overtones of Miró and Gaudí, or continuing on to the **Plaça de les Glòries**, (114) a plaza whose physiognomy has changed radically over the last few years, alongside which is Ricardo Bofill's recently completed Teatre Nacional (115) and the **Auditori Nacional** (116) by Rafael Moneo. The **Parc del Clot** (117) is an inspired intervention which made use of the remains of the former RENFE workshops to create a subtle combination of old and modern elements. The old wall, transformed into the support for a waterfall, the hard playground lit at night by four light towers, the artificial topography and the walkways which connect everthing up all reveal the brilliance of the conception. In the background we can make out **Santiago Calatrava's** Bac de Roda/Felip II brIdge (118) suspended from its two great girders by tensile steel cables, spectacularly combining its function of connecting two parts of the city separated by the railway lines with a sensitive treatment of the pedestrian areas. The **Plaça General Moragas** (119) directly opposite combines a variety of materials with great skill in what must be one of the city's best open-air public spaces. Ellsworth Kelly's sculptures provide a focus for the perspectives of the square itself and for the bridge.

Our next stop gives us a chance to visit the superb school bullding by **Bosch, Tarrús and Vives** in the Sagrera district, (120) in which the features of particular interest are the treatment of the corner pillar and the sitting of the nursery school on the upper floor, with its own independent access. A little further on we come to the **Parc de la Pegaso** by Joan Roig and Enric Batlle, (121) which occupies the site of the former vehicle factory of the same

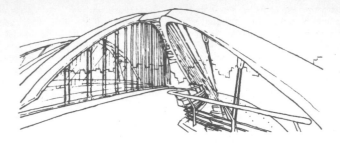

Puente Bac de Roda

un primer **bloque** construido en la **calle Lepanto** (123). Cruzando la Meridiana, podemos visitar el **Canódromo** (124), obra en estructura metálica de Bonet Castellana y Puig i Torné, de principios de los sesenta –Concepción Arenal, 165–. Su simplicidad de líneas y su forma de huso acompañan a la perfección la pista de carreras de galgos. En la planta baja se sitúan los servicios. Arriba las gradas y la sala de apuestas bajo la gran cubierta que, a modo de ligero parasol, gana altura en la zona de máxima acumulación de gente.

Para los amantes de la historia de la arquitectura recomendaríamos, saliendo del parque de la Pegasso, que por el paseo de Torras i Bages se acercaran a la **casa Bloc** (125) que Sert y Torres Clavé construyeran el año 1932, en la Avda. Torres i Bages nº 91/105, aplicando literalmente los esquemas en *redent* que propusiera Le Corbusier. Si no, por el Passeig Onze de Setembre/Fabra i Puig, nos acercaremos a la **plaza de Sóller** (126) que, dividida en una zona de pavimento duro y otra de arena, agua y vegetación, cuenta con una escultura de Xavier Corberó. Desde allí podremos llegar hasta la **Via Júlia** (127), uno de los proyectos de más trascendencia al vertebrar toda una serie de actuaciones como la plaza de Llucmajor –que presidirá un monumento a la República– y las plazas de Francesc Layret y Angel Pestanya, hasta convertirse en la nueva Rambla de Nou Barris.

Tomando el Passeig de Valldaura en dirección al Valle de Hebrón proponemos seguir la visita con el Velódromo y el parque del Laberinto de Horta. El **Velódromo** (128), construido en 1982 por Esteve Bonell y Francesc Rius para albergar las pruebas de ciclismo de los Juegos, ordena con su potencia volumétrica su caótico entorno. El edificio presenta una

name. Very near here, on the Meridlana, are two highrise apartment buildings which are among the finest work of the sixties. The first of these, **n.o. 312b** with an interesting treatment of its facades and load-bearing walls in spite of its great number of floors, is by the MBM studio. (122) The second, by Moragas, props up its walls at ground floor level in a solution similar to that previously adopted in the **block on c/ Lepanto**. (123) Crossing the Meridiana, we might visit the **Canòdrom** (dog track), (124) a steel structure by Bonet Castellana and Puig i Torné from the early sixtie sat c/ Concepció Arenal, 165. The simplicity of the lines and the spindle form are the perfect complement to the greyhound track. The services are located on the ground floor, with the tiered seating and the betting hall above them under the impressive roof which, like a lightweight parasol, reaches its maximum height at the point of greatest accumulation of people.

For all those interested in the history of architecture we can recommend, on leaving the Parc de la Pegaso and following the Passeig Torras i Bages, a visit to the **Casa Bloc** (125) which Sert and Torres Clavé constructed in 1932 at nos. 91-105, applying quite literally the *redent* schemes put forward by Le Corbusier. Alternatively, we might take the Passeig Onze de Setembre/Fabra i Puig to the **Plaça Sóller**, (126) a square divided between a hard, paved surface and an area of sand, water and vegetation, with a sculpture by Xavier Corberó. From here we can reach **Via Julia**, (127) a far-reaching urban design project which serves to articulate a series of interventions which includes the Plaça de Llucmajor,

doble transparencia sirviendo de perfecta transición entre la ciudad y la montaña que lo circunda. Tanto el parque que lo rodea, según proyecto del poeta Joan Brossa, como el del **Laberinto** (129), parque del siglo XVIII situado en sus inmediaciones, ayudan a definir uno de los conjuntos más logrados. Algo más abajo se hallan las **viviendas de los periodistas**, construidas para los JJ.OO. por Carles Ferrater (130) y las instalaciones del **Tiro con Arco** de Miralles y Pinós (131) y el **Pabellón de Pelota**, de Garcés y Sòria (132). Seguramente entre la *rauxa* del primero y el *seny* del segundo se sigue moviendo hoy la arquitectura catalana. La **urbanización**, mucho más interesante que la de la Vila Olímpica, es obra de Eduard Brú (133). Cerca del Velódromo se halla el **Polígono de Montbau** (134), conjunto experimental de los años cincuenta y sesenta en el que jugando con muy diversas tipologías de vivienda se construyó un barrio autónomo de modélico urbanismo.

Adentrándonos en la **Creueta del Coll** (135) podremos visitar la reutilización que de la antigua cantera abandonada han hecho M.B.M. convirtiendo la gran oquedad de la montaña en piscina pública. Al fondo, una impresionante escultura de Chillida preside en silencio la escena.

Se propone, si quedan ánimos, acabar la jornada visitando el **Parc Güell** (136). Del proyecto de ciudad jardín que Gaudí proyectará apenas se construyó la vivienda del conserje y la que ahora le sirve de museo. La escalinata

Parc Güell

presided over by a monument to the Republic, and the Francesc Layret Àngel Pestanya squares, to the point of constituting the new Rambla of the Nou Barris district.

If we next take the Passeig de Valldaura in the direction of the Vall d'Hebron, we can continue our tour with a visit to the velodrome and the Laberint de Horta park. The **Velòdrom**, (128) constructed in 1982 by Esteve Bonell and Francesc Rius for the Olympic cycling events, imposes order on its chaotic surroundings by virtue of the srength of its volumetry. The building has a double transparency, serving perfectly as the transition between the city and the hills around it. Both the park in which it stands, laid out to a scheme by the poet Joan Brossa, and the **Laberint**, (129) an 18th-century park immediately adjacent, contribute to the definition of this tremendously successful complex. A little further down are the **journalists' residences** built for the Olympic Games by Carles Ferrater (130) alongside the **Olympic archery** facilities by Miralles and Pinós (131) and the **Pelota Pavilion** by Garcés and Sòria. (132) It might well be said that the Catalan architecture of today continues to range between the exuberant *rauxa* of the first and the *seny* or sound good sense of the second. The **urbanization** here, much more interesting than that of the Olympic Village, is by Eduard Bru. (133) A short distance from the velodrome is the **Montbau housing estate**, (134) an experimental development from the fifties and sixties which played with a great diversity of housing typologies in the construction and urban design of a model self-sufficient neighbourhood. Entering the **Creueta del Coll** park (135) we can visit the rehabilitation of the abandoned quarry workings undertaken by MBM, converting the great excavation in the side of the hill into an open-air public swimming pool. Against the wall of rock at the back an enormous sculpture by Chillida presides over the scene in silence.

For those with the energy for one more visit, the day's itinerary might be completed with a tour of the **Park Güell**. (136) Of the Garden City planned by Gaudí, little more than the gatekeeper's lodge and the house now used as a museum were

que conduce a la gran plaza hipóstila, el banco serpenteante, diseño de su colaborador Jujol, y el tratamiento de toda la naturaleza hacen del Parc Güell una de las mejores obras de Gaudí.

actually built. The flight of steps leading up to the great hypostile square, the serpentine bench designed by Gaudí's collaborator Jujol, and the overall treatment of the natural setting make the Park Güell one of the finest examples of Gaudi's work.

5 – DESDE LA PLAÇA DELS PAÏSOS CATALANS A MONTJUÏC

Hemos dejado para el último lugar el recorrido que, empezando en la Plaça dels Països Catalans, acaba en la montaña de Montjuïc, lugar en el que se celebraron los JJ.OO. del 92. Y empezamos por dicha plaza porque la **plaza de Sants** (137) es el ejemplo paradigmático de todos esos espacios públicos de reciente creación en la medida en que supo acuñar un nuevo lenguaje que después ha sido retomado en múltiples ocasiones. Los arquitectos hablan de la desolación que tuvieron al hacerse cargo del proyecto. Esto les llevó, de entrada, a definir en el suelo los límites estrictos de su intervención. El sutil diálogo que establecen el dinamismo de la pérgola y el estático palio de *deployé* así como las diversas estructuras metálicas —convertidas en verdaderos árboles artificiales en un lugar en el que, por encontrarse debajo las vías del tren, no podía plantarse nada— nos hablan de esa capacidad de transmutación, de magia en la que a veces raya la arquitectura. Ni el **parque de la Espanya Industrial** (138), nombre de la antigua fábrica que ocupara el solar, ni el **parque del Escorxador** (139), construido en el lugar que dejara el antiguo matadero y en el que destaca de entre la vegetación una enorme superficie árida con una fálica escultura de Joan Miró, tienen el carisma de su vecina.

Los terrenos que hoy ocupa la Feria fueron urbanizados, con motivo de la Exposición de 1929, con la idea de convertir Montjuïc en parque urbano y contrapunto del parque de la Ciudadela que se creara con motivo de la Exposición de 1888. Los palacios de Alfonso XII y de la Reina Victoria Eugenia, ambos obras noucentistas de Puig i Cadalfch, y, sobre todo, el **Palau Nacional** (140), que la italiana Gae Aulenti ha acondicionado para albergar el Museu d'Art de Catalunya destacan del conjunto. El museo alberga, entre otras, las colecciones del Museu d'Art

5 – FROM THE PLAÇA DELS PAÏSOS CATALANS TO MONTJUÏC

We have left to the end the itinerary which, starting from the Plaça dels Països Catalans, concludes on the hill of Montjuïc, the site of the 1992 Olympic Games. The visit begins here, at the **Plaça de Sants,** (137) because this is the paradigm for the whole series of recently created public spaces, in that it effectively forged a new language that has since been employed on numerous occasions. Its architects have spoken of the sense of desolation they felt when they were commissioned with the project. This led them, from the outset, to mark out and define the strict limits of their intervention on the site. The subtle dialogue established between the dynamism of the pergola and the stasis of the *deployé* canopy, as well as the various metal structures —which have the quality of real trees in a place where, with the railway directly underneath, nothing could be planted— manifest that capacity to transform, that magic which architecture sometimes touches on. Neither the **Parc de l'Espanya Industrial**, (138) named after the old factory whose site it occupies, nor the **Parc de l'Escorxador**, (139) laid out on land left vacant by the removal of the slaughterhouse and remarkable for the great arid expanse in the middle of the vegetation from which a phallic sculpture by Joan Miró rises up, have quite the charisma of their neighbour.

The land nowadays occupied by the Fira de Barcelona trade fair buildings was developed on the occasion of the 1929 Exposition, with the idea of converting Montjuïc into an urban park in counterpoint to the Parc de la Ciutadella created for the previous Exposition of 1888. The palaces of Alfonso XII and of Queen Victória Eugenia, two *noucentista* works by Puig i Cadalfch, and above all the **Palau Nacional**, (140) which Italian archi-

Romànic, consideradas entre las más importantes y mejor conservadas del mundo.

Impresiona comparar la arquitectura *pompier* de la época que rodeara la construcción del **pabellón de Mies** (141), una de las obras de más trascendencia de la arquitectura del siglo XX y que, en el momento de su construcción, pasó sin pena ni gloria. Auténtica pieza maestra, el pabellón de Mies representa la mejor metáfora de la casa moderna, el templo de una nueva concepción del trabajo. Con sus pilares exentos y su continuidad espacial, Mies inaugurará con esta obra el camino que seguirá en su producción americana. Admirando su belleza nadie se pregunta ya si es lícito haber recuperado una obra que se pensara efímera.

Coronando la montaña se encuentra el Anillo Olímpico cuyo diseño, de los arquitectos Correa y Milà, fue fruto de uno de los pocos concursos que se han convocado últimamente en Barcelona. El Anillo alberga, como piezas principales, el **Estadio Olímpico** (142), el **Palacio de Deportes Sant Jordi** (143) y el Pabellón del INEM. El proyecto de Vittorio Gregotti para el estadio pasó por conservar el perímetro y fachada del antiguo estadio que se construyera con motivo de la Exposición de 1929. El proyecto construido hunde casi 12 metros el terreno original para aumentar la capacidad del viejo estadio, hasta los 65.000 espectadores que tiene ahora, y recuperar la idea de los estadios abiertos de la Grecia clásica. Del Palacio de Deportes del japonés Arata Isozaky cabría resaltar la espectacular técnica de su cubierta que fue construida en el suelo para ser izada después, mediante unos mecanismos hidráulicos, hasta su posición actual. Huelgan comentarios de las últimas realizaciones que el Taller de Arquitectura de Ricardo Bofill está llevando a cabo, animado tras sus éxitos en el vecino país. Presidiendo el conjunto aparece la **torre de telecomunicaciones de Telefónica** (144), obra de Santiago Calatrava, que habla su particular diálogo de sordos con la que Norman Foster levantó en la falda de Collcerola (ambas magníficas). Aconsejamos, tras la vista a la zona, seguir hasta la **Fundación Miró** (145), obra de Sert de los años setenta, que ha sido recientemente ampliada por Jaume Freixa para exhibir nuevas colecciones del pintor.

Si los mercados son el estómago de una ciudad, conviene visitar tam-

tect Gae Aulenti converted to become the new Museu d'Art de Catalunya, stand out from their neighbours. The museum houses, among other things, the collections of Romanesque art, considered to be one of the finest and best conserved in the world.

There is a striking contrast between the surrounding *Pompier* architecture of the period and the **pavilion built by Mies**, (141) one of the supreme achievements of 20th-century architecture, although it went largely unremarked when it first appeared. An authentic masterpiece, the Mies pavilion is the perfect metaphor for the modern house, a temple to a new conception of work. With its free-standing pillars and spatial continuity, it marks the beginning of the path Mies was to follow in his work in the United States. Faced with its beauty, nobody now would question the legitimacy of reconstructing a building originally intended to be temporary.

Crowning the top of the hill is the Olympic Ring, the design for which, by the architects Correa and Milà, was the winner of one of the few competitions to be held in Barcelona in recent years. This Olympic Ring consists primarily of the **Estadi Olímpic**, (142) the **Palau de Sant Jordi**, (143) and the INEM pavilion. Vittorio Gregotti's project for the stadium involved the conservation of the original perimeter and facade of the old stadium built for the 1929 Exposition. The new construction sinks the floor of the arena 12 metres into the ground to augment the seating capacity of the old stadium to accommodate a total of 65,000 spectators, as well as returning to the classical Greek idea of the open-air stadium. With regard to the Palau de Sant Jordi by the Japanese Arata Isozaki, we should note above all the spectacular technology used for the roof, which was first assembled on the ground and then raised hydraulically into position. There is no need to comment on the latest projects being carried out by Ricardo Bofill's Taller de Arquitectura, inspired by their successes in France. Presiding over the whole complex is the **Telefónica telecommunications tower** (144) designed by Santiago Calatrava, which maintains its own particular mute dialogue with the tower by Norman Foster (both magnificent) on the top of the Collserola hills. After exploring the Olympic area, we would suggest

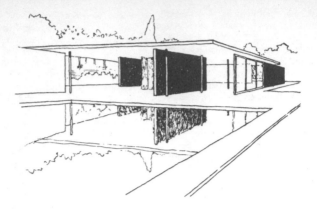

Pabellón Mies van der Rohe

bién los cementerios para observar cómo se trata, en uno y otro caso, a vivos y a muertos. Detrás, al otro lado del impresionante cementerio del Sudoeste, se halla el **Fossar de la Pedrera** (146), tumba homenaje al que fuera uno de los presidentes de la Generalitat, de claras connotaciones scarpianas. Su autora es la arquitecta Beth Galí.

continuing the visit to the **Fundacló Miró**, (145) designed by Sert in the seventies and recently extended by Jaume Freixa to display new additions to the collection of Miro's work.

If a city's markets are its stomach, it is also well worth visiting its cemeteries to observe the way the living and the dead treat one another. At the back of the hill, on one side of the impressive Cementiri del Sudoest, is the **Fossar de la Pedrera**, (146) a tomb with clear Scarpian connotations designed to pay homage to a past President of the Generalitat by the architect Beth Galí.

NOTA

Con frecuencia los viajes de estudio duran una semana. Estos cinco itinerarios han sido preparados para poder realizarse en seis días completos, de manera totalmente independiente. Por supuesto, si se dispone de menos tiempo o de menos ganas, en un día se puede visitar la Vila Olímpica, el Parque del Clot, la Sagrera, la Via Júlia, el Velódromo y la Creueta del Coll, por la mañana, y dejar para la tarde la Plaça dels Països Catalans, el Pabellón de Mies y el Anillo Olímpico, para hacernos una idea de los nuevos espacios urbanos. Si el interés se centra en los edificios, hacerse una idea de Gaudí puede llevar el día entero. Aunque también se puede visitar el barrio gótico por la mañana y dejar para la tarde la Pedrera, la casa Batlló, la Sagrada Família y, si me apuran, hasta el Parc Güell. Me parece imprescindible entrar en Santa Maria del Mar y en las Drassanes. Doy por supuesto que visitarán el Museo Picasso y alguno, incluso, la Fundación Miró. La tentación del mar y la playa está hoy más cerca que nunca...

NOTE

Study trips very often last a week. These five itineraries have been drawn up so as to take up six full days, each quite independently of the others. If the visitor has less time, or less inclination, the suggested routes can of course be telescoped, visiting the Olympic Village, the Parc del Clot, the Sagrera district, the Via Julia, the velodrome and the Parc de la Creueta del Coll in a morning, and leaving the Plaça dels Països Catalans, the Mies pavilion and the Olympic Ring for the afternoon, to get some impression of the new urban spaces.

For the visitor interested primarily in buildings, a whole day might be devoted to getting an idea of Gaudí's work, although it would also be possible to visit the Barri Gòtic in the morning, and then the Pedrera, the Casa Batlló, the Sagrada Familia and, at a pinch, even the Park Güell, in the afternoon. In my view, it is absolutely essential to see the interior of Santa Maria del Mar and the Drassanes. I take it for granted that a visit to the Museu Picasso will be on everyone's itinerary, and that one or two will also include the Fundació Miró. The temptation of the sea and the beach is now even closer than ever.

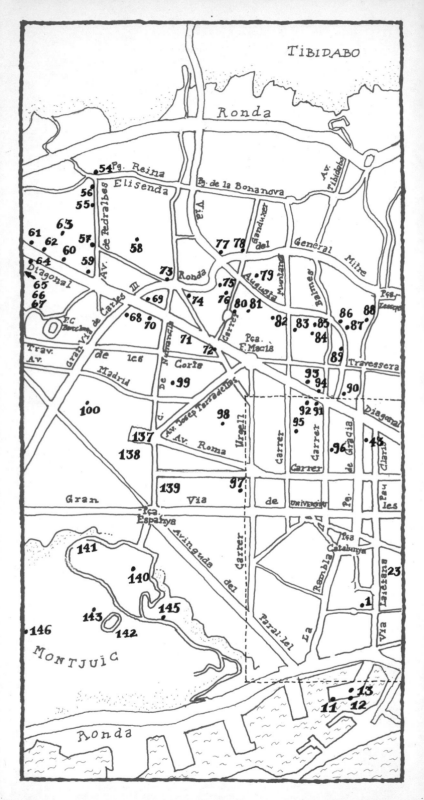

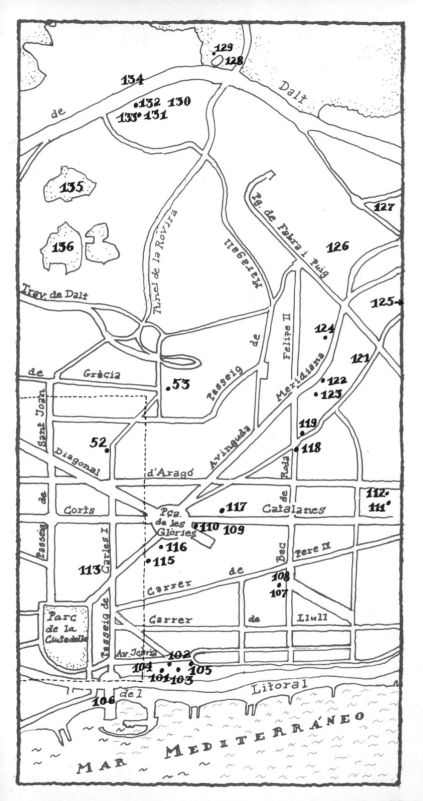

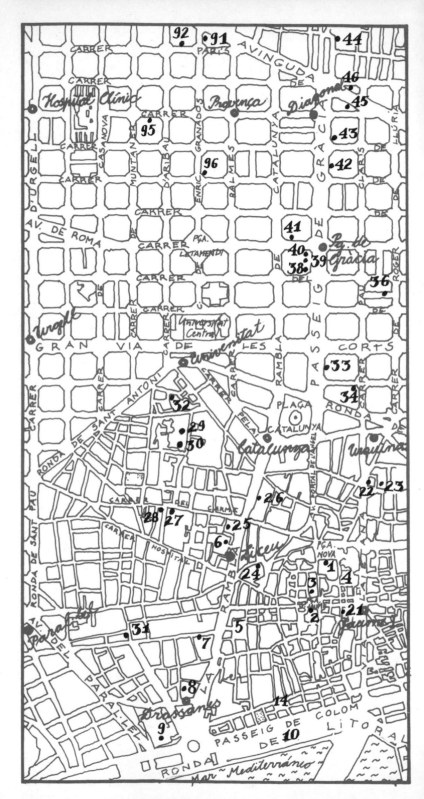

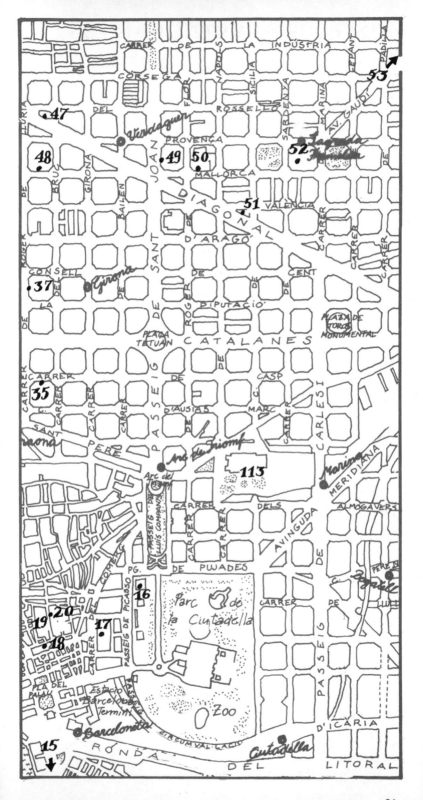

HOTELES Y RESTAURANTES
HOTELS AND RESTAURANTS

HOTELES
HOTELS

ARTS *****
Carrer de la Marina, 19-21.
Tel. 93 2211000 / fax 93 2211070

Frente al Mediterráneo y situado en pleno Puerto Olímpico, el proyecto de este hotel corrió a cargo de los arquitectos Skidmore, Owings y Merril y de los interioristas Total Concept de Nueva York. El edificio, de 33 plantas, dispone de 455 lujosas habitaciones con espectaculares vistas sobre el mar y la ciudad. Esculturas de Xavier Corberó en el jardín, y frente a él la gran escultura-sombrilla de Frank Gehry "la sardina". Decoración limpia y habitaciones muy cómodas, con todo tipo de detalles. Zona Club de la planta 29 hasta la 33, reservada para clientes VIP.

Standing in the middle of the Olympic Village, overlooking the Mediterranean, the hotel was designed by the architects Skidmore, Owings & Merrill, with interiors by the New York practice Total Concept. The 33-storey building has 455 luxurious guest rooms with spectacular views of the sea and the city, and sculptures by Xavier Corberó in the garden, and Frank Gehry's huge "sardine" sculpture-sunshade in front. Clean decor and comfortable rooms, with a great wealth of details. The Club Zone on floors 29 to 33 is reserved for VIP clients.

Avenida Palace ****
Gran Via, 605.
Tel. 93 3019600 / fax 93 3181234

Desde 1952, este prestigioso hotel es uno de los más céntricos e impactantes. Impresionantes salones, escaleras, alfombras y columnas. Tiene 159 habitaciones y 15 salones.

Opened in 1952, this prestigious hotel is extremely central impressively stylish. The lounges, the stairs, the carpets and the columns are all of note. 210 rooms. Reasonable prices.

Barcelona Hilton *****
Diagonal, 589-591.
Tel. 93 3019600 / fax 93 4052573

De Helio Piñón y Albert Viaplana es este edificio minimalista superelegante ubicado en el corazón del nuevo centro comercial de negocios. La decoración, típica de la cadena Hilton, deja mucho que desear y más si la comparamos con lo que nos augura este rascacielos desde el exterior. Cuenta con 273 habitaciones, 13 de ellas suites.

This super-elegant minimalist building by Helio Piñón and Albert Viaplana is situated in the upper part of the city. The standard Hilton decor leaves much to be desired, especially when contrasted with the expectations raised by the exterior of this tower block. The prices are high. 290 rooms.

Barcelona Plaza ****
Pl. España, 6-8.
Tel. 93 4262600 / fax 93 4260400

Este hotel fue encargado a los arquitectos Enric Sòria y Jordi Garcés con motivo de los JJ.OO. del 92. Inagurado en diciembre de ese año, su gran ventaja es la situación frente al recinto ferial y al Palacio de Congresos y su buena comunicación: a sólo 15 minutos del aeropuerto. Cuenta con 347 habitaciones y 10 salones de reuniones.

The architects Enric Sòria and Jordi Garcés were commissioned to design this hotel for the Olympics in 1992. Opened in December of that year, its great advantage is its situation, opposite the city's trade fair precinct and the Congress hall, and its excellent communications, only 15 minutes drive from the airport. It has 347 guest rooms and 10 meeting rooms.

Barceló Sants ★★★★
Pl. Països Catalans, s/n.
Tel. 93 4909595 / fax 93 4906045

Ubicado en el corazón de la estación de ferrocarril, es otro de los hoteles "olímpicos". Los arquitectos Helio Piñón y Albert Viaplana, autores de la primera plaza dura que lo alberga, fueron los encargados de su realización. Hotel de 377 habitaciones y una de las mejores ofertas de salones de la ciudad, 25 en total, para todo tipo de convenciones, bodas... etc.
Situated right by the city's main railway station, this is another "Olympic" hotel, designed by the architects Helio Piñón and Albert Viaplana, who also laid out the "hard" square on which in stands. The hotel has 377 guest rooms and one of the best ranges of functions suites in Barcelona, 25 in all, for conventions, weddings and so on.

Claris ★★★★★
Pau Claris, 150.
Tel. 93 4876262 / fax 93 2157970

Situado en el antiguo Palacio Vedruna, este hotel fue restaurado por Martorell/Bohigas/Mackay a finales de 1991. Ofrece 124 habitaciones distintas, habitaciones dúplex donde se puede encontrar desde una diosa hindú, un grabado original de Napoleón o la modernidad de un Guinovart. También acoge la colección egipcia privada más importante de España y mosaicos romanos del siglo v.
This hotel occupies the old Palau Vedruna, remodelled for the purpose by Martorell/Bohigas/Mackay at the end of 1991. It has 124 guest rooms, with duplex suites and decor that ranges from a Hindu goddess or an original engraving of Napoleon to contemporary paintings by Guinovart. It is also home to the most important private of Egyptian art in Spain as well as 5th-century Roman mosaics.

Colón ★★★★
Av. de la Catedral, 7.
Tel. 93 3011404 / fax 93 3172915

Lo más apreciado de este hotel es su ubicación, frente a la catedral y en el corazón del barrio gótico. Consta de 147 habitaciones.
Its situation, opposite the Cathedral on the edge of the Gothic Quarter, is one of the most highly apreciated features of this comfortable, well-run hotel. Private car park. Reasonable prices.

Condes de Barcelona ★★★★
Passeig de Gràcia, 73-75.
Tel. 93 4882200 / fax 93 4880614

En la zona privilegiada del Passeig de Gràcia, rodeado de los mejores comercios de la ciudad, este exponente modernista es uno de los hoteles favoritos de la jet-set internacional. 183 habitaciones perfectamente equipadas, restaurante y bar cuidadosamente decorados. Fastuosos los cuartos de baño de mármol. Los perros no son bienvenidos. Proyecto de Josep Juanpere y Antoni Puig.
In the prestigious neighbourhood of the Passeig de Gràcia, in the midst of the finest shops in the city, this Modernista building, with its one hundred perfectly equipped rooms and carefully decorated restaurant and bar, is one of the favourite hotels of the international jet-set. The marble bathrooms are magnificent. Dogs are not welcome. The prices are high. The design project is the work of Josep Juanpere and Antoni Puig.

España ★★
Sant Pau, 9-11.
Tel. 93 3181758 / fax 93 3171134

En esta vieja gloria modernista cercana a las Ramblas se hospedaron en tiempos pasados celebridades del mundo artístico de paso por Barcelona. Algo deteriorado en la actualidad, tiene, sin embargo, el orgullo de haber sido decorado por una figura clave del modernismo catalán, Lluís Domènech i Montaner, con valiosos trabajos de ebanistería y cerámica y una monumental chimenea-escultura realizada por Eusebi Arnau.
Show business celebrities and famous artists passing through Barcelona used to stay in this Modernista gem just off the Ramblas. Now somewhat rundown, it can nevertheless boast interiors decorated by one of the key figures of Catalan Modernisme, Lluís Domènech i Montaner, with wonderful work in wood and ceramics, and a monumental sculpted fireplace by Eusebi Arnau. The rooms are not very attractive, but the prices excuse everything.

Gran Hotel Havana ****
Gran Via Corts Catalanes, 647.
Tel. 93 4121115 / fax 93 4122611

Aprovechando su belleza arquitectónica, este edificio modernista –antigua casa L. Fradera– fue remodelado en 1990. El interiorismo de vanguardia ha convertido este hotel en solicitado escenario para fotografías de moda. Interiorismo de Josep Juanpere y Antoni Puig. 149 habitaciones y 9 suites. Ambiente elegante y precios elevados.

Taking full advantage of the beauty of the architecture, this *Modernista* building -formerly the Casa L. Fradera- was refurbished in 1990. The very avant-garde interior design has made this hotel much in demand by fashion photographers as a location. 149 rooms and 9 suites. An elegant atmosphere and high prices. Interior design by Josep Juanpere and Antoni Puig.

Husa Palace (Ritz) *****
Gran Via, 668.
Tel. 93 3185200 / fax 93 3180148

Inaugurado en 1919, cuenta con gran tradición y renombre en la ciudad. Dispone de 161 habitaciones, 5 suites y una suite real. Elegantes salones para convenciones, conferencias y conocidas celebraciones. Equipamiento moderno dentro del más clásico estilo. Famosos de siempre se alojan en todas sus visitas e incluso algunos pasan largas temporadas.

Opened in 1919, the hotel has a great tradition and prestige in the city. In addition to 161 guest rooms, there are 5 suites and a Royal Suite, elegant functions rooms for conventions and splendidly stylish celebrations. The modern facilities have a classic air. Famous guests young and old stay here when visiting Barcelona, some of them for lengthy periods.

Le Meridien Barcelona ****
Rambla, 111.
Tel. 93 3186200 / fax 93 3017776

Uno de los favoritos de los famosos. Aquí se alojan estrellas como Michael Jackson, Bruce Springsteen, Plácido Domingo y Pavarotti. Antiguo hotel Manila, fue remodelado en 1988 cuando pertenecía a la cadena Ramada. Consta de servicios sofisticados para los hombres de empresa y amantes del lujo exagerado. Atenciones especiales para los huéspedes inválidos. 208 habitaciones entre las que destacan habita-ciones para no fumadores y la suite presidencial de 200 m².

A favourite with the famous. Michael Jackson and Bruce Springsteen are among the stars to have stayed here, while its proximity to the Liceu opera house has brought it guest such as the singers Plácido Domingo and Pavarotti. Formerly the Hotel Manila, the building was renovated in 1988, and now offers a sophisticated service for business people and lovers of unbridled luxury, with telephones in the bathrooms, Minitel in the rooms, and a business centre equipped with computers, fax and a secretarial service. The disabled and invalids can count on special attention here. The 210 rooms include a number reserved for non-smokers, and a 200 m² presidential suite. The prices are high.

Melià Barcelona ****
Av. Sarrià, 48-50.
Tel. 93 4106060 / fax 93 3215179

Situado en la zona alta de la ciudad, muy cerca de la Diagonal, este hotel es especialmente recomendable para ejecutivos con prisas y personas que deseen estar muy bien atendidas. Sus famosos *brunchs* convocan cada domingo por la mañana a la *jet-set* barcelonesa. La planta baja fue remodelada en el 92 por Martorell/Bohigas/Mackay. Tiene 315 habitaciones.

Located in the upper part of the city, very close to the Diagonal, this 315-room hotel is particularly recommended for business executives on tight schedules and for anyone who cares about good service, while its famous Sunday brunches attract Barcelona's high society. The ground floor was remodelled in 1992 by Martorell/Bohigas/Mackay.

Rey Juan Carlos I *****
Diagonal, 661-671.
Tel. 93 4480808 / fax 93 4480607

Situado en la zona alta de la Diagonal, el arquitecto Carles Ferrater proyectó este hotel, rodeado de 25.000 m² de jardín privado. A lo largo y ancho del vertiginoso y espectacular hall se disponen las 412 habitaciones dotadas de espléndidas vistas panorámicas sobre la ciudad y el mar.

Situated on the upper section of the Diagonal and surrounded by 25,000 m² of private garden, this hotel was designed by Carles Ferrater. Set off the spectacular, vertiginous hall, the 412 guest rooms enjoy splendid panoramic views of the city and the sea beyond.

Rívoli Rambla ****
Rambla, 128.
Tel. 93 3026643 / fax 93 3175053

Con la rehabilitación de este edificio de los años treinta, Barcelona ha ganado uno de los hoteles con más encanto. Alberto Esquerdo y Camilla Hamm, los autores, han evitado la ostentación y el barroquismo propios de un cuatro estrellas. Las líneas son simples y el mobiliario, a tono con la arquitectura, está dentro de esta tendencia actual que toma referencias del Art-Déco, como las butacas "New York", de Nancy Robbins que llenan la preciosa coctelería. 87 habitaciones, 9 de las cuales son suites. Magnífica terraza para disfrutar de una maravillosa vista sobre el casco viejo de Barcelona.

The renovation of this 30s building has given Barcelona one of its most charming hotels. The scheme, by Alberto Esquerdo and Camilla Hamm have managed to avoid the baroque ostentation often associated with 4 star hotels. The lines are simple, and the furnishings, in keeping with the architecture, evoke the Art Déco references prevalent in current tendencies: Nancy Robbins's "New York" armchairs, which fill the lovely cocktail bar, are a good example. There are 90 rooms, 14 of them suites,and a magnificent terrace on which to have an aperitif while you enjoy the marvellous view of the historic city centre or the romance of a summer night. The prices are high.

RESTAURANTES
RESTAURANTS

Agua
Pg. Marítim de la Barceloneta, 30.
Tel. 93 2251272

Una de las pocas propuestas logradas en el recientemente recuperado litoral barcelonés. Es especialmente recomendable en días soleados, cuando el comedor a pie de playa se llena de un público que se admira secretamente de la ciudad en que le ha tocado vivir. Cocina "playera" de calidad: tapas, frituras, arroces. Interiorismo: Sandra

Tarruella, 1997. Precio medio: 2.750 ptas. Abierto toda la semana hasta las 12, de jueves a sábado hasta la 1 de la madrugada.

One of the few real successes on Barcelona's recently recovered seafront. This is particular delight on sunny days, when the dining room at the edge of the beach fills up with people secretly enraptured by the city they are lucky enough to live in. "Beach-style" cuisine at its best: tapas, fries, rices. Interior design: Sandra Tarruella, 1997. Average price: 2,750 pesetas. Open every day of the week until midnight, and until 1 am on Thursday, Friday and Saturday.

Asador de Aranda
Av. Tibidabo, 31. Tel. 93 4170115

En el marco de la casa Roviralta, claro exponente del modernismo catalán y obra de Joan Rubió, un restaurante especializado en cocina castellana: cordero asado, costillitas a la brasa, pimientos, chorizo, morcilla y pan de elaboración propia. La rehabilitación, llevada a cabo en 1988 por Vicenç Bonet, Miguel Milá y Antoni de Moragas, respeta al máximo el carácter del edificio, popularmente conocido como "El Frare Blanc". Ambiente ejecutivo. Precio medio 4.000 ptas. Cerrado domingos noche.

In the setting of the Casa Roviralta, a paradigm of Catalan *Modernisme* and the work of Joan Rubió, this is a restaurant specializing in Castilian cookery: roast lamb, grilled chops, peppers, *chorizo, morcilla* and bread baked on the premises. The conversion, carried out in 1988 by Vicenç Bonet, Miguel Milá and Antoni de Moragas, respects the character of the building –popularly known as "El Frare Blanc"– to the full. The atmosphere has an executire air. Average price 4,000 ptas. Closed Sunday night.

La Balsa
Infanta Isabel, 4.
Tels. 93 2115048 / 93 2111056

Oscar Tusquets y Lluís Clotet idearon este maravilloso restaurante a partir de una antigua balsa existente en el tranquilo barrio de la Bonanova. Del pesado volumen cuadrado emerge una espectacular estructura de madera que alberga el comedor y dos terrazas con vegetación mediterránea, solicitadísimas en días soleados. En este espacio

de efectos absolutamente sedantes, Memé López de Lamadrid cuida a su clientela con refinados platos de tradición catalana y norteña. De postre sugerimos el pecaminoso tocinillo de cielo. Ambiente elegante y burgués. Premio FAD de Arquitectura en 1978-79. Precio medio 5.000 ptas. (Menú mediodía 3.000 ptas.) Cerrado domingos y lunes mediodía.

Oscar Tusquets and Lluís Clotet came up with the idea for this marvellous restaurant based on an old *balsa* (or reservoir) in the quiet neighbourhood of Bonanova. Out of the heavy square volume a spectacular wooden structure emerges, housing the dining room and two terraces abounding with Mediterranean plants, spaces much in demand on sunny days. In this absolutely soothing setting Memé López de Lamadrid pampers her clientele with refined dishes of Catalan and northern origin. For dessert, we suggest the positively sinful *tocinillo de cielo*, made from eggs and sugar. The atmosphere is elegantly bourgeois, and the scheme won the FAD Architecture Prize in 1978-79. Average price 5,000 ptas. (Set lunchtime menu 3,000 ptas.). Closed Sunday and Monday lunchtime.

Barceloneta
L'Escar, 22. Tel. 93 2212111

Elementos decorativos como las arquetípicas pizarras verdes y otros de inspiración marinera –el bar reproduce el interior de una bodega de barco–, le dan un innecesario aire "temático" a este restaurante "anclado" en el Moll dels Pescadors. Sin embargo ofrece notables alicientes como son el agradable comedor acristalado, la panorámica sobre el puerto y la ciudad así como una refrescante y actual cocina mediterránea. Interiorismo: Estudio DSAN, 1994. Abierto toda la semana, de noche hasta la 1 de la madrugada. Precio medio 4.500 ptas.

Decorative elements such as the archetypical green slates, and others with a maritime flavour –the bar recreates the interior of a ship's hold– give an unnecessary "theme" character to this restaurant "moored" on the Moll dels Pescadors. Nevertheless, it is more than compensated by the pleasant glazed dining room with its panoramic views of the port and the city, and by the refreshing contemporary Mediterranean cuisine. Interior design: Estudio DSAN, 1994. Open every day of the week until 1 am. Average price: 4,500 ptas.

Brasserie Flo
Jonqueres, 10. Tel. 93 3193102

A dos pasos del Palau de la Música se encuentra este precioso restaurante, ubicado en un edificio del siglo XIX e inspirado en las braserías francesas de 1900. Sin embargo está lejos de ser una mera imitación del estilo que caracterizaba a la cadena Flo; Antoni de Moragas creó en 1982 un espacio confortable y sobrio a la vez, combinando básicamente motivos del modernismo catalán con elementos secesionistas. La carta incluye el típico *choucroute* alsaciano así como platos de tradición catalana y deliciosos postres. Precio medio 4.000 ptas. (Menú 2.890 ptas.) Abierto hasta las 12.30 de la madrugada; fin de semana hasta la 1.

Just a couple of steps from the Palau de la Música, in a 19th century building, this lovely restaurant draws its inspiration from the French brasseries of the turn of the century. However, it is far from being a mere imitation of the style which characterizes the Flo group of restaurants; Antoni de Moragas created this comfortable yet sober space in 1982, essentially combining motifs from Catalan *Modernisme* with Secessionist elements. The menu includes the typically Alsatian choucroute, as well as traditional Catalan dishes and delicious desserts. Average price: 4,000 ptas. (Table d'hôte menu: 2,800 ptas.) Open until half past midnight, and until 1 am at the weekend.

Cala Sila
Aragó, 282. Tels. 93 2157026/27

Dentro de todo, un final feliz para el ya mítico Madrid-Barcelona. El restaurador Ramón Parellada y el interiorista Daniel Lemmi han rediseñado con buen tino tanto la oferta gastronómica como el aspecto de este restaurante de los años 40 situado junto al Passeig de Gràcia. A la vez que se ha respeta-

do su espíritu barcelonés de posguerra, se ha adoptado una fórmula más
eficaz y acorde con la actualidad.
Pescadito frito, "arengada" con pan con
tomate y crema catalana. Precio medio
1.800 ptas. Abre todos los días.

A happy end after all for the legendary
Madrid-Barcelona. The restaurateur Ramón Parellada and the interior designer
Daniel Lemmi have carefully revamped
both the cuisine and the appearance of
this restaurant from the 40s just off the
Passeig de Gràcia. While respecting the
place's air of post-war Barcelona, a more
effective approach has been adopted,
more in tune with the times. Fried fish,
arengada and bread with tomato, and
crema catalana vanilla pudding. Average
price 1,800 ptas. Open seven days a week.

and an obligatory point of reference.
An interesting democratic phenome-
non takes place in this black-and-white
setting in which voyeurism and exhibi-
tionism play an important part. In a single day you can share the place with
architects, office workers, intellectuals,
pairs of little old ladies, divorced fa-
thers with their children, models and
girls who look as good as models. The
menu has almost 100 different omelet-
tes and seasonal dishes; we suggest the
hamburgers. Interior design: Federico
Correa and Alfonso Milá (1970).
Photography: Leopoldo Pomés. Average price 3,000 ptas, with a *menú golfo*
table d'hôte for 1,500 after midnight.
Open every day from noon until 2 in
the morning.

Flash-Flash
La Granada del Penedès, 25.
Tel. 93 2370990

Pese a que su diseño, en el más puro
estilo de transición entre los 60 y los
70, pronosticara lo contrario, el Flash-
Flash es hoy un clásico y un punto de
referencia obligado. Se produce un
interesante fenómeno democrático en
este local en blanco y negro donde el
voyeurismo y el exhibicionismo juegan
un importante papel. Un mismo día se
dan cita arquitectos, oficinistas, intelectuales, dúos de abuelitas, padres divor-
ciados con niños, modelos y niñas bien
guapísimas. En la carta, casi 100 tortillas
y platos de temporada; sugerimos las
hamburguesas. Interiorismo: Federico
Correa y Alfonso Milá (1970). Fotografía: Leopoldo Pomés. Precio medio
3.000 ptas. y menú golfo a 1.500 ptas. a
partir de las 12 de la noche. Todos los
días desde el mediodía hasta las 2 de la
madrugada.

For all its design in the purest 60s-
meets-70s style might suggest to the
contrary, Flash-Flash is now a classic

Giardinetto
La Granada del Penedès, 22.
Tel. 93 2187536

Obra magistral y emblemática de
Federico Correa y Alfonso Milà por la
que obtuvieron el Premio FAD de interiorismo 1973-1974. Íntimo y mágico,
este idílico "jardín" convoca a un público selecto de intelectuales, arquitectos
y residuos de la aristocracia catalana
que forman tertulia alrededor de un
cóctel o degustan un "tri de pasta", uno
de los *best sellers* de la carta. Luz super-
favorecedora y, por la noche jazz al
piano, acaban de redondear el carácter
glamuroso de este restaurante hecho a
medida de Leopoldo Pomés, su alma
mater. Precio medio 4.500 ptas. (Menú
mediodía: 3.000 ptas.) Abierto mediodía y noche hasta la 1,30. Cerrado
sábados mediodía, domingos y festivos.

An emblematic masterpiece by Federico Correa and Alfonso Milà, for
which they won the FAD interior
design prize for 1973-74. Intimate and
magical, this "garden" building draws a
select clientele of intellectuals, architects and remnants of the Catalan aris-
tocracy who gather to converse over a
cocktail or savour a *tri de pasta*, one of
the best-sellers on the menu. The tremendously flattering lighting and the
live jazz from the piano at night are
two further ingredients of the glamorous character of this restaurant, cus-
tom built for the owner Leopoldo
Pomés. Average price 4,500 ptas.
(lunchtime table d'hôte: 3,000 ptas.)
Open at lunchtimes and in the evening
until 1.30 am. Closed midday Saturday,
Sundays and holidays.

Hans Bar
Muntaner, 473. Tel. 93 2111713

Un agradabilísimo bar-restaurante cuyo interiorismo no acusa el paso del tiempo aún habiendo nacido en medio del fervor *design* de los 80. La cocina, imaginativa, aunque tal vez sofisticada en exceso, está más a tono con la joven burguesía que se da cita aquí que con la gratificante simplicidad del local diseñado por Alicia Núñez con alguna que otra referencia a la América de los años 50. Precio medio 3.500 ptas. (Menú mediodía: 1.175 ptas.) Abierto hasta las 2 de la madrugada. Cierra los domingos.

An attractive bar-restaurant whose interior decor has managed to withstand the passage of time, despite being a product of the "design" fever of the 80s. The food –imaginative, if perhaps a little too sophisticated– is more in tune with the young bourgeoises who congregate here than with the pleasing simplicity of the interior, designed by Alicia Núñez, with more than a few references to 50s America. Average price 3,500 ptas. (lunchtime table d'hôte: 1,175 ptas.). Open until 2 in the morning. Closed Sundays.

Mordisco
Roselló, 265. Tel. 93 2183314

Es cierto que su clientela se ha diversificado y que sus progenitores andan algo dispersos atendiendo a sus nuevos "hijos"; sin embargo su conocida cocina de capricho y el local, funcional pero con clima, han hecho de este restaurante, donde la sofisticación se hace bocadillo, un clásico barcelonés. Artistas como Barceló, Mariscal y Ferrater –clientes de siempre– están presentes en sus paredes. Abierto todos los días desde la hora del desayuno hasta después de los espectáculos. Interiorismo: Sandra Tarruella. Grafismo: Peret. Precio medio: 3.000 ptas.

There is no doubt that the clientele has become more diverse, and the place's founders now find themeselves waiting on their "children". Nevertheless, the fame of the caprice-satisfying food and the functional yet atmospheric decor have made this restaurant –in which sophistication presents itself in the guise of a sandwich– a Barcelona classic. Artists such as Barceló, Mariscal and Ferrater –regulars since the beginning– are featured on the walls. Open every day from breakfast time until after the shows come out. Interior design: Sandra Tarruella. Graphic design: Peret. Average price 3,000 ptas.

Neichel
Beltrán y Rozpide, 16 bis.
Tel. 93 2038408

Un restaurante decorado en perfecta armonía con la excelente *nouvelle cuisine* de Jean-Louis Neichel, siempre a la búsqueda de la perfección. Ambiente elevado, como elevados son los precios. Precio medio 8.000 ptas. (Menú mediodía 5.000 ptas.) Interiorismo de Miquel Espinet y Toni Ubach (1981). Pinturas de Maria Girona. Cerrado domingos y festivos. ¡Reservar mesa!

A restaurant whose decor is in perfect harmony with Jean-Louis Neichel's Nouvelle Cuisine, always striving after perfection. The atmosphere is somewhat elevated, as are the prices. Average price 8,000 ptas. (Set lunchtime menu, 5,000 ptas.) Interior design by Miquel Espinet and Toni Ubach (1981). Paintings by Maria Girona. Closed Sunday and holidays. Book your table in advance!

Network
Diagonal, 616. Tel. 93 2017238

Bar-restaurante musical que causó impacto en los 80, década más que prolífica para sus autores, Eduard Samsó y Alfred Arribas (1987). Una atmósfera *Blade Runner* –instalaciones vistas y monitor en cada mesa– y una cocina que emula por vez primera la norteamericana –texmex, italiana, hamburguesas– para un público hoy por hoy irregular. Abierto mediodía y noche (hasta la 1, fin de semana hasta las 2). Precio medio 2.300 ptas.

A bar-restaurant with music which made a great impact in the 80s, a wildly prolific decade for its designers Eduard Samsó and Alfred Arribas (1987). The atmosphere is *Blade Runner* –exposed services and a monitor on every table– and a menu that imitates North America –TexMex, Italian, burgers– for what is now a rather variegated clientele. Open lunchtimes and evenings until 1 am (2 at the weekend). Average price 2,300 ptas.

7 Portes
Pg. Isabel II, 14.
Tels. 93 3193033/46

Este emblemático establecimiento forma parte de los últimos 150 años de historia de la ciudad. La importante remodelación llevada a cabo por Federico Correa y Alfonso Milá recuperó en 1980 el encanto de este maravilloso espacio ochocentista desvirtuado con el paso de los años. Al restaurante de toda la vida acuden barceloneses, catalanes y extranjeros para disfrutar de sus famosas abundantes raciones, sus arroces y sus excelentes pescados y mariscos. Podrás sentarte en el sitio que en su día ocuparan Ava Gardner, Picasso o Einstein, entre otros. Precio medio 3.500 ptas. Abierto todos los días de 13 a 1 de la madrugada.

This emblematic establishment has been part of the city's history for 150 years. The major refurbishment by Federico Correa and Alfonso Milá in 1980 restored the charm of this marvellous 19th century space, which had been allowed to deteriorate over the years. Barcelonese, Catalans and foreigners flock to this restaurant of a lifetime to enjoy its notoriously generous helpings, rice dishes and excellent fish and seafood. You can sit in a chair once occupied by Ava Gardner, Picasso, Einstein or some other great name. Average price 3,500 ptas. Open seven days a week from 1 pm to 1 am.

Les Quinze Nits
Pl. Reial, 6. Tel. 93 3173075

Inmejorablemente situado en los pórticos de la Plaça Reial, este restaurante ha roto moldes por el simple hecho de atender con exactitud las exigencias actuales del gran público. Un entorno de buen gusto, sin complicaciones gratuitas, una cocina que "da el pego" y unos precios más que convincentes son argumentos de peso para que la gente forme cola en la calle. Precio medio 2.500 ptas.

With its unbeatable location in the portico of the Plaça Reial, this restaurant has broken moulds by the simple fact of paying careful attention to the preferences of the great majority. The tasteful sorroundings, without unnecessary complications, a cuisine that gets it just right, and the more than convincing prices are the weighty reasons why people are prepared to queue outside the doors. Average price 2,500 ptas.

Salero
Rec, 60. Tel. 93 3198022

En la implicación de sus propietarias en todos los sentidos radica gran parte del encanto de este local, que rápidamente ha sabido convertirse en un *must*. Sectores de la burguesía, la intelectualidad y lo más moderno de la ciudad se dan cita aquí para mezclarse con la naturalidad que sólo unos orígenes que se saben comunes proporcionan. Los mil matices de blanco, una iluminación intencionada y la decoración, un delicado ejercicio de reciclaje de lujo, hacen de éste uno de los restaurantes más bonitos de los 90. Cocina de mundo y japonesa. Música techno a la hora de las copas.

The owners' absolute commitment -in every sense- is the key to much of the charm of the Salero, which has rapidly attained the status of a "must". Sectors of the bourgeoisie, the intelligentsia and the most modern meet and mix here with the naturalness that comes from a consciousness of their common origins. The 1,000 shades of white, the well thought-out lighting and the decor —a delicate exercise in recycled luxury— make this one of the prettiest of the 90s restaurants. World and Japanese cookery. Techno and trance accompany the drinks.

Semproniana
Rosselló, 148. Tel. 93 4531820

Más próximo al ejercicio de un cuidado estilismo que a la ejecución de un diseño a la manera ortodoxa, el interiorismo de este restaurante (Santiago Alegre, 1993) es una muestra del diseño alternativo que se desmarca de los cánones establecidos en los 80. Piezas de desván combinadas con muebles actuales, candelabros y un sinfín de detalles decorativos se unen con desenfado para lograr una estancia simpática, entre mágica y "casera". Ada Parellada, por su parte, hace gala de una creatividad arrolladora utilizando la cocina catalana como punto de partida. La lasaña con butifarra negra es el único plato inamovible de una carta inquieta que cambia cada dos meses. Precio medio 4.000 ptas. Cerrado los domingos.

Closer to the exercise of a careful concern for style than to a conventional product of design, the interior of this restaurant (Santiago Alegre, 1993) is a good example of the alternative design that has broken free of the canons of the 80s. Old furniture from the attic combined with contemporary pieces, candelabras and a wealth of decorative details in a relaxed, unfussy fusion create a space somewhere between the magical and the homely. Meanwhile, in the kitchen, Ada Parellada gives free rein to her unbounded creativity, taking traditional Catalan cookery as her starting point. The lasagne with *butifarra negra* sausage is the one immovable presence on a dynamic menu that changes every two months. Average price 4,000 ptas. Closed Sundays.

Tragaluz
Ptge. de la Concepció, 5.
Tel. 93 4870196

Su situación privilegiada tocando al Passeig de Gràcia, la inspirada metamorfosis llevada a cabo en la torre que ocupa y la mano de la familia Tarruella son parte de su sugerente bagaje. En la planta baja, el coqueto bar donde se promueve la cata de vinos, Y arriba, la anunciada sorpresa: el espectacular tragaluz en invierno... o el cielo abierto en verano; un plácido "invernadero" donde disfrutar a otro ritmo de su cocina mediterránea. Precio medio 3.500 ptas. Interiorismo: Sandra Tarruella y Pepe Cortés (1990). Diseño gráfico: Mariscal. Abre todos los días. Justo en frente, en el mismo pasaje de la Concepció, 2, se inaguró a finales del 99 El japonés del Tragaluz. Consagrado a la cocina nipona, ofrece tapas y platos rápidos servidos en el marco de una austeridad oriental con "toques" barceloneses.

The privileged situation two steps off the Passeig de Gràcia, the inspired metamorphosis of the old town house it occupies and the imprint of the Tarruella family are all part of this attractive package. On the ground floor, the smart bar which encourages wine-tasting, and upstairs, the hinted –at surprise– the spectacular skylight *(tragaluz)* in winter, or the open sky in summer: a pleasing "greenhouse" in which to enjoy, at a more relaxed rhythm, the restaurant's Mediterranean cookery. Average price 3,500 ptas. Interior design: Sandra Tarruella and Pepe Cortés (1990). Graphic design: Mariscal. Open every day. Directly opposite, at Passatge de la Concepció, 2, "El japonés del Tragaluz" opened at the end of 1999. Specializing in Japanese cuisine, it offers *tapas* and short-order dishes served in a setting of Oriental austerity with Barcelona "touches".

La Venta
Dr. Andreu (final Tramvia Blau).
Tel. 93 2126455

La terraza de este restaurante situado al final del único tranvía que queda en la ciudad lo convierte en el favorito de muchos barceloneses, sobre todo en los días soleados de invierno. Cocina de mercado. Cerrado domingos. Precio medio 5.000 ptas.

The terrace of this restaurant situated at the terminus of the last tram line in operation in Barcelona has made it a favourite with may of the city's inhabitants, especially on sunny winter days. Traditional cooking with good fresh produce. Closed Sunday. Average price 5,000 ptas.

BARES, CAFÉS Y GRANJAS
BARS, CAFES AND MILK BARS

Boadas Cocktail Bar
Tallers, 1. Tel. 93 3189592

M.ª Dolores Boadas, quien prácticamente creció en esta coctelería, ha sabido continuar la obra de su padre, Miguel Boadas, barman entusiasta y genial que se trajo aires de La Habana en los años 20. Este minúsculo triángulo que roza la Rambla desde 1933 está decorado al estilo déco de las coctelerías cubanas de los años 30 y con el paso del tiempo ha ido cubriendo sus paredes de cuadros y caricaturas dedicadas. La mejor hora es la del aperitivo que convoca a personajes de la vida cultural y política de la ciudad.

M.ª Dolores Boadas, who practically grew up in this cocktail bar, has proved a more than able successor to her father, the genial, enthusiastic barman who gave the place a touch of Havana back in the 20s. This tiny triangle just

off the Rambla was first done out in the deco style of the Cuban cocktail bars of the 30s in 1933, and over the years the walls have gradually been covered with a great variety of signed and dedicated pictuers and caricatures. The best time for a visit is when personalities from the city's cultural and political life meet here for an aperitif before dinner.

La Bodegueta
Rbla. Catalunya, 100.
Tel. 93 2154894

Es lo que su nombre indica, una bodeguita, sin intención alguna en el diseño, pero con un éxito rotundo. Al mediodía y cuando cierran las numerosas tiendas de la zona, es el lugar elegido por gente del mundo de la moda para tomarse un vinito o una cerveza y degustar las magníficas *baguettes* con atún, jamón, queso...

As its name indicates, this is quite simply a little bodega, which makes no attempts at design but is nonetheless a tremendous success. At lunchtime, or when the many shops round about close in the evening, this is the place where people from the fashion business meet for a glass of wine or a beer and savour the magnificent *baguettes* filled with tuna, ham, cheese...

Café de la Ópera
Rambla, 74. Tel. 93 3024180

Bohemios y amigos de la Rambla contemplan desde las mesas de este café ochocentista el espectáculo fascinante que ofrece el paseo más popular y colorista de la ciudad.

Bohemians and their friends from the Rambla sit here and contemplate, from their tables in this nineteenth century café, the fascinating spectacle provided by the city's most popular and colourful thoroughfare.

Casa Fernández
Santaló, 46. Tel. 93 2019308

Una larga barra repleta de deliciosas tapas, pizarras anunciantes al uso, cervezas de barril y el stock de productos utilizados como elemento decorativo, son algunas de las características de esta cervecería, pionera de la moda del "tapeo" que en los 90 ha copado el centro de la ciudad. A la acertada selección de tapas y platos se suman los huevos fritos, a los que Javier de las Muelas, artífice de este bar-restaurante, rinde homenaje con un apartado especial en la carta. Público compuesto por "pijos" de mediana edad. Interiorismo: Marc Cuixart y Enric Granell (1989).

A long bar covered with delicious *tapas*, the customary blackboards announcing the fare, draught beers and the range of products themselves as decorative elements are some of the characteristic features of this tapas bar, a pioneer of a genre that has taken over the city centre in the 90s. In addition to the superb selection of *tapas* and assorted dishes there are fried eggs in various guises, to which Javier de las Muelas, the man behind this bar-restaurant, pays homage by giving them their own special section on the menu. The clientele is mostly middle-aged and well-to-do. Interior design: Marc Cuixart and Enric Granell (1989).

La Floreta
Pl. de les Olles, 4. Tel. 93 2681384

Tras su primera etapa como taller dedicado al arte floral donde realizaban ramos personalizados y decoraciones con flores por encargo, se ha reconvertido en un encantador café. Sus zumos naturales y batidos, postres artesanos, cocas y quiches, o sus tés seleccionados, lo hacen ideal para desayunos, meriendas y tentempiés. Los originales arreglos florales que exhiben recuerdan su anterior actividad.

Following its first incarnation as a workshop devoted to floral artistry, where they put together personalized bouquets and flower decorations to order, the place has now been converted into a delightful café. Their natural juices and shakes, handmade puddings, coca pastries and quiches, as well as their selection of teas, make this an ideal place for breakfast, a snack or a caprice. The display of original flower arrangements are a memento of the place's former incarnation.

Kafka
Fusina, 5. Tel. 93 3100526

Frente al antiguo Mercat del Born –futura sede de la Biblioteca Provincial de Catalunya– se encuentra este bonito café con connotaciones de *déjà vu*. El local es una versión refinada de esos bares de principios de siglo que han llegado hasta nuestros días adquiriendo una peculiar pátina. Un espacio de dimensiones *noucentistes*, columnas de hierro y mostrador-barra monumental al que Pilar Líbano ha incorporado con gracia mobiliario años 60 de acero y skai (1997). Cocina rápida árabe. Tés y, de noche, hasta las 2.30, copas. Servicio relajado en exceso.

Opposite the old Born market –the future home of the Biblioteca Provincial de Catalunya library– is this pretty café, with a certain *déjà vu* air. The place is a refined version of those turn-of-the-century bars that have managed to survive, acquiring their own particular patina. The interior is *noucentista* in its dimensions, with cast iron columns and a monumental bar counter, into which Pilar Líbano has gracefully incorporated pieces of 60s furniture in steel and imitation leather (1997). Arabic dishes, tea served with Turkish Delight and drinks until 2.30 in the morning.

Mas i Mas
Còrsega, 300. Tel. 93 2375731

Ésta es la casa de comidas de los emprendedores hermanos Mas (La Boite, Jamboree, Moog...). Al mediodía, menú dinámico por unas 1.200 pesetas y por la noche, cuando parte del local se convierte en bar de copas, la carta se hace también nocturna con una cocina más pretenciosa. Recomendable la terraza, un plácido oasis en la parte alta de la rambla de Catalunya. Precio medio 2.500 ptas. Abierto todos los días hasta la 1.30 de la madrugada. Diseño gráfico de Josep Bagá.

The eatery of the enterprising Mas brothers (La Boite, Jamboree, Moog...). A dynamic lunchtime table d'hôte for around 1,200 ptas, and at night, when part of the place becomes a drinks bar, the menu too goes nocturnal, and becomes more sophisticted. The terrace is to be recommended: a peaceful oasis at the top end of the Rambla de Catalunya. Average price 2,500 ptas. Open every day until 1.30 in the morning. Graphic design by Josep Bagá.

Mauri
Rbla. Catalunya, 103.
Tel. 93 2158146

El lugar ideal para una bien merecida merienda después de una extenuante tarde de compras. Voluptuosos sandwichs, croissants rellenos, chocolates y un extenso surtido de pastelería tientan a quien consigue sentarse en el salón de esta pastelería.

Ambiente familiar y de "consumidoras" de moda cargadas de bolsas. Abierto todos los días desde las 9 hasta las 21.

The ideal place for a well-earned snack after an exhausting afternoon's shopping. The voluptuous sandwiches, filled croissants, and an extensive assortment of cakes and pastries will tempt anyone who is lucky enough to find a seat in the tea room of this confectioner's.

There is a relaxed, family atmosphere, in which fashionable shoppers sit surrounded by their purchases. Open seven days a week from 9 am until 9 pm.

Mora
Diagonal, 409. Tel. 93 4160726

Con reapertura en la primavera del 91 y bajo una nueva dirección se recuperó un clásico barcelonés. Nada mejor para ir a desayunar o merendar en fin de semana y ojear la prensa ofrecida por el propio local. Además de la cuidada pastelería y bombonería, también restaurante. Servicio muy amable. Horario de 9 a 23.

Its reopening in the spring of '91 under new management marked the return of a Barcelona classic. What better place, at the weekend especially, for breakfast or a mid-morning break and a browse through the papers, courtesy of the house. As well as the lovingly prepared sweets, cakes and pasties there is also a restaurant. The staff are extremely friendly. Open from 9 until 23 h.

No me quite pà
Marià Cubí, 192. Tel. 93 4140376

Comida rápida en un anti-fast-food o cómo comer bocadillos en un ambiente íntimo y relajante de cocktail bar. Cocas con tomate y aceite y crujientes flautas son la base de este manjar que se come con las manos. El interiorismo de Alicia Núñez (1992) evoca profundos bosques en los que excursionistas urbanos "acampan" para hacer picnic. Abierto de 10 de la mañana a 2 de la madrugada. Cerrado domingos.

Quick meals in an anti-fast food setting –like enjoying a sandwich in the intimate, relaxing atmospher of a cocktail bar. "Cocas" –savoury pastry with olive oil and tomato– and "flautas" "crunchy French batons– form the basis of the menu here, where knife and fork are superfluous. The interior design by Alicia Núñez (1992) is evocative of shady forests in which the hungry hikers halt for a picnic. Open from 10 am until 2 the following morning. Closed on Sunday.

La Pallaresa
Petritxol, 13. Tel. 93 3022036

Ya que ir a merendar a una granja es toda una institución en Barcelona, La Pallaresa no podía faltar en esta lista. El éxito de sus suizos, ensaimadas, *menjar blanc*, platos de nata de verdad..., provoca el lleno total de este local cuya decoración ha recogido lo peor de cada época hasta resultar casi interesante. Para sensibilidades susceptibles, la más moderna granja Xocoa, sita en el 11 de esta famosa calle del casco antiguo. Abierto todos los días.

Since going for a snack in a milk bar is such an institution in Barcelona, we couldn't leave La Pallaresa out of this guide. The quality of their pastries, *ensaimades, manjar blanc* dishes with beautiful fresh cream... means that the place –with is decor testifying to the worst of each period, so that the final effect is almost interesting– is full at all times. Its situation in the historic centre attracts a highly varied clientele. Open seven days a week.

Pans & Co
Por toda la ciudad. / Citywide

La respuesta catalana al *fast-food* americano. Estupendos bocadillos preparados con una base muy nuestra: pan con tomate y aceite. Por el concepto e imagen de esta cadena la empresa Summa recibió el premio Laus de bronce 1990. Interiorismo de Eduard Samsó.

Catalonia's answer to American fast food. Tremendous sandwiches with a basic ingredient that is very Ctalan: bread with tomato and olive oil. The concept and image for this chain of establishments won Summa a Laus bronze medal in 1990. Interior design by Eduard Samsó.

Salambó
Torrijos, 51. Tel. 93 2186966

Este café-bar-restaurante del barrio de Gràcia es de los que invitan a "instalarse", un poco al estilo de los bares de los años 20 en el que se inspiraron Emili Taltavull Gimeno y Francisco Gracia Lasaosa en 1992. Comidas con la prensa del día, mesas de billar, coctelería, música, cenas hasta la una y tapas hasta después de los espectáculos. Es un local agradable que transmite buenas vibraciones y favorece la tertulia. Su estética, de un diseño reposado, está principalmente al servicio del bienestar del público. Clientela del mundo literario y de la "farándula". Abierto todos los días de 12 del mediodía a 3 de la madrugada.

This café-bar-restaurant in the Gràcia district is one of those places that invites you to "install yourself", somewhat in the style of those 20s bars which inspired Emili Taltavull Gimeno and Francisco Gracia Lasaosa in 1992... Meals while you leaf through the day's newspapers, snooker tables, cocktails, music, dinner served until 1 a.m. and *tapas* until after the shows come out. This is an agreeable place which sends out good vibrations and stimulates relaxed conversation. The aesthetic, with its calm, unhurried style, is clearly designed to foster the well-being of the clients, many of whom are of a literary or theatrical bent. Open every day from noon until 3 am.

Schilling
Ferran, 23. Tel. 93 3176787

Parece haber estado siempre aquí, pero es más joven que sus vecinos, los *fast-food* americanos. El constante tránsito de lugareños y foráneos, así como el aspecto del local, nos transportan a uno de esos cafés característicos de Centroeuropa, donde la gente charla, discute o divaga interminablemente alrededor de un café, una cerveza o, por qué no, un bocadillo. La barra cuadrada, con la cristalería a modo de friso, y el gran mural formado por la botellería son elementos destacables de la decoración, a cargo de Sandra Tarruella e Isabel López (1996). Abierto de 8 a 23.

It seems as if it has always been here, but in fact it is younger that its American fast food neighbours. The constant to-and-fro of locals and foreigners, together with the whole look of the place, is reminiscent of those typical Central European cafés where people sit around talking, debating or gossiping endlessly over a coffee, a beer or perhaps a sandwich. The square bar, with the glasses ranged on the rack overhead like a frieze and the mural of the shelves of bottles are noteworthy elements of the decor, designed by Sandra Tarruella and Isabel López (1996). Open from 8 am until 11 pm.

Tèxtil Cafè
Montcada, 12-14. Tel. 93 2682598

Es el bar-café-restaurante del Museu Tèxtil i de la Indumentària, ubicado en un palacio gótico del que ha tomado el soleado patio para mayor disfrute de turistas y visitantes del vecino Museo Picasso.
Deliciosos pasteles, tés y cafés así como comidas y cenas ligeras. Abierto de 10 de la mañana a 12 de la noche. Lunes cerrado. Autores: Ramón Pujol y Pieter van der Lind.

This is the bar-café-restaurant of Barcelona's Textile and Clothing Museum, situated in a Gothic palace whose sunny courtyard it has taken over, to the great delight of tourists and visitors to the Picasso Museum across the street.
Delicious cakes and pastries, teas and coffees, as well as lunches and light dinners. Open from 10 in the morning until midnight. Designers: Ramón Pujol and Pieter van der Lind.

Turó
Tenor Viñas, 1. Tel. 93 2006953

El interés de este bar reside en su terraza, concretamente en el público que la frecuenta. A la hora del aperitivo y al final de la tarde la fauna más pija de la ciudad se da cita aquí para tomarse una tapa de tortilla de patatas o simplemente un agua mineral y "controlar" al personal que circula por la zona. Mucha niña mona, descapotables en doble fila y gafas de sol por doquier.

The interesting thing about this bar is its terrace, or rather the people who frequent it. At aperitif time and early evening the city's most "superior" *pijos* congregate here to nibble at a wedge of potato omelette or simply sip a mineral water and "check out" who's up to what in the area. Plenty of pretty little rich girls, doubleparked convertibles and sunglasses everywhere you look.

Velódromo
Muntaner, 211-213. Tel. 93 4306022

Sin habérselo propuesto, este café-bar de los años 40, muy al estilo de los casinos de posguerra, con paredes que amarillean y muebles desvencijados, goza de una fama envidiada por muchos y convoca a un público de lo más dispar. Cada noche entre semana, aficionados al billar y a la tertulia; durante el día, jubilados alrededor de los juegos de mesa; y el fin de semana por la noche, *teenagers* invadiendo los dos pisos, atraídos por whiskies económicos y alguna que otra tapa servida eficientemente por camareros sin florituras.

Without ever having set out to achieve it, this café-bar dating back to the 40s, very much in the style of a postwar *casino*, with yellowing walls and falling-apart furniture, enjoys a reputation which is the envy of more than a few and attracts a truly heterogeneous clientele. Every evening during the week, the place is full of those who come to play pool or converse; during the day, pensioners gather around cards, dominoes and board games; while on weekend nights both floors are invaded by teenagers, drawn by the inexpensive whisky and other drinks and the tapas, efficiently dispensed by unpretentious staff.

Viader
Xuclà, 4-6. Tel. 93 3183486

A dos pasos de la Rambla, una de las granjas más antiguas y populares de la ciudad. Concurridísima en invierno principalmente, cuando todo el mundo acude a reconfortarse con bombas calóricas como los suizos, la crema catalana, las ensaimadas, las madalenas, el mató con miel... Cerrado los domingos.

Two steps from the Rambla, this is one of the oldest and most popular milk bars in town. The place is particularly busy in the winter, when people come from all over the city to fortify themselves with calories in the form of sweet pastries, *crema catalana, ensaïmades*, madeleines, curd cheese with honey... Closed Sunday.

La Vinya del Senyor
Pl. Santa Maria, 5. Tel. 93 3103379

Con inmejorables vistas hacia la basílica gótica de Santa Maria del Mar ofrece algo infrecuente en Barcelona: la posibilidad de ir de vinos, y además muy buenos. Una carta de la quincena propone una selección de veinte, entre blancos, tintos, cavas y generosos, que pueden pedirse por copas. Mientras que la carta general comprende 250 clasificados por sus denominaciones de origen. Para hacer almohadón tienen unas exquisitas minitapas, que aquí les llaman platillos. Su artífice es Ramón Parellada, quinta generación de una conocida familia de restauradores. Una larga barra con sobre de mármol preside este pequeño y coqueto establecimiento donde se han cuidado todos los detalles.

Enjoying a wonderful view of the Gothic basilica of Santa María del Mar, La Vinya del Senyor offers something all too rare in Barcelona: an opportunity to sample wines, and very good wines at that. A new wine list every fortnight proposes a selection of twenty, including whites, reds, cavas and full-bodied wines, served by the bottle or by the glass. Meanwhile, the complete list features 250 wines, classified by denomination of origin. And to line the stomach there are exquisite mini-tapas, known here as "platillos". The man behind it all is Ramón Parellada, the fifth generation of a well-known family of restaurateurs. A long marble-topped bar presides over this charmingly elegant little establishment where care has been taken over every last detail.

Xampanyet
Montcada, 22. Tel. 93 3197003

Uno de los atractivos que ofrece la calle Montcada consiste en tomarse unas anchoas y una sidra en el Xampanyet, después de visitar el Museu Picasso, el Museu de la Indumentària o la Galería Maeght.

En este bar tan auténtico con mostrador de mármol, botas de vino y *souvenirs* por las paredes, comparten mesa turistas jóvenes, gente refinada y del mundo del arte. Abierto de 19 a 24.

On of the attractions which carrer Montcada has to offer is the chance to enjoy a plate of anchovies and a glass of cider in the Xampanyet after visiting the Picasso museum, or the costume museum, or the Galeria Maeght. Here in this authentic old bar with its marble counter and wine flasks and souvenirs on the walls, young tourists share their table with refined ladies and gentlemen and people from the art world. There is no sign outside, but the place is easy to find. Open from 7 pm until midnight.

TIENDAS
SHOPPING

ACCESORIOS HOGAR
HOME ACCESSORIES

Bagno
Gran Via, 494. Tel. 93 4546490

Saneamiento, grifería, revestimientos cerámicos y todo tipo de complementos para el baño. Aparte de firmas como Fire, Dolomite y Duravit, Bagno tiene diseños propios como el fascinante lavabo de acero inoxidable, primera pieza de una línea de accesorios. Isidre y Jorge Rigau en colaboración con Eduard Samsó (1980).

Bathroom fittings, taps, ceramic tiles and accessories of every kind. In addition no "name" manufacturers such as Fire, Dolomite and Duravit, Bagno has designs of its own like the fascinating stainless steel toilet bowl, the first in a series of pieces currently in preparation. Isidre and Jorge Rigau, in collaboration with Eduard Samsó (1980).

Bolíbar
Rbla. Catalunya, 43. Tel. 93 4883434

El escaparate de esta antigua ferretería-metalistería no ha sido diseñado precisamente por un especialista en márketing. Sin embargo es infinita su oferta de manecillas, tiradores, colgadores, barras para cortinas... Las colas, también interminables, son buena prueba de ello.

The display window of this former ironmongers and hardware store wasn't exactly designed by a marketing specialist. Nevertheless, their range of doorknobs, handles, hooks and hangers, curtain rods, sold singly and in sets, is infinite... and the queues, which are similarly endless, prove it.

Ciranda
Provença, 290. Tel. / fax 93 4880259

Tienda-taller de decoración con vocación artesana y alegre espíritu emprendedor. Entre sus múltiples facetas está el diseño por encargo de muebles en madera y forja y la pintura de murales y trampantojos. Diseños divertidos de cajoneras, sillas, mesas, lámparas y un sinfín de objetos se posan sobre un pavimiento que también forma parte del muestrario. Además dan clases de artes aplicadas.

An interior decoration shop and design studio with a commitment to craft skills and a lively, enterprising approach. Its wide range of facets includes custom-made furniture in wood and wrought iron and mural and *trompe l'oeil* painting. Entertaining design in chests of drawers, chairs, tables and lamps, plus a wealth of decorative objects, all laid out on an eye-catching floor which is itself part of the display. They also run courses in applied arts.

Compagnie Francaise de l'Orient et de la Chine
València, 225. Tel. 93 2154883

Su filosofía es importar la tradición de los materiales y formas artesanales de Oriente. Posee dos grandes secciones: una dedicada a la ropa y otra a muebles y complementos para la casa. Realmente interesantes son los utensilios de cocina en caña y bambú. El único inconveniente, lo elevado de los precios.

The philosophy here consists in importing the traditional materials and forms of Oriental craftsmanship. There are two main sections: one devoted to clothing, the other to furniture and home accesories. The cane and bamboo kitchen utensils are fascinating. The only drawback here is the steepness of the prices.

Cuchillería Roca
Pl. del Pi, 3. Tel. 93 3021241

Si deseas que te alecionen en el afeitado a navaja y además quieres ver un amplio surtido de herramientas de corte como tijeras, cuchillos e instrumentos de manicura, delante de la iglesia del Pi tienes esta tienda fundada en 1911.

If you'd like to be shown how to shave with an open razor, and at the same time you want to see an extensive selection of cutlery of all kinds, including scissors, knives and manicure implements, this shop, established in 1911, is the place: opposite the Sant Josep Oriol church.

Gastón y Daniela
Pau Claris, 171. Tel. 93 2153217
Trav. de Gràcia, 14. Tel. 93 2023198

Una bonita fachada cubierta de yedra y azulejos distingue la tienda de esta firma especializada desde 1876 en tapicerías de corte clásico. La mayoría de los diseños son propios.

A pretty, ivy-covered tiled facade distinghishes this retail outlet for a firm which has specialized in classic-cut upholstery fabrics since 1876. Most of the designs are their own; the latest tendency is the use of old-fashioned motifs in their prints.

Luces de Bohemia
Laforja, 71. Tel. 93 4144112

Velas de ensueño en esta pequeña tienda, envoltorio cálido y natural amueblado únicamente con cajas de embalar. Cabe destacar las velas decoradas con flores secas, canela, semillas o botones y la serie de autor con firmas como Sybilla, O. Tusquets, A. Miró, Mariscal, etc. Interiorismo de Alicia Núñez, 1996.

The candles of your dreams in this little shop, a warm and natural space in which the only furnishings are packing cases.

Of particular note are the candles decorated with dried flowers, cinammon, seeds or buttons, and the series of designer candles by names such as Sybi-

lla, O. Tusquets, A. Miró, Mariscal and others. Interior design by Alicia Núñez, 1996.

Mokuba
Consell de Cent, 329.
Tel. 93 4881277

Suculenta tienda para costureras, estilistas y amantes del detalle en general, con más de 30.000 cintas y pasamanería en catálogo. Pertenece a una cadena japonesa que ha elegido Barcelona para su incursión en Europa.

A shop to delight dressmakers, stylists and everyone with a passion for detail, with more than 30,000 ribbons and tapes, braids and trimmings in its catalogue. The shop is part of a Japanese chain which has chosen Barcelona for its foothold in Europe.

Neocerámica
Mandri, 43. Tel. 93 2118958

Especialistas del pavimento y el revestimiento cerámicos. Tienen la exclusiva de distribución de firmas nacionales e internacionales como Montecchi y Antic Alfar de Santa Rufina. Las sillas "Gaulino" de Oscar Tusquets son el único mobiliario de la planta sótano, un espacio neutro creado por Miguel Milá en 1988. La planta baja fue proyectada por Antoni Bonamusa en 1972. Un cenicero en cada rincón invita a estudiar el muestrario sin prisas.

Specialists in ceramic floor and wall tiling, and the exclusive distributors for Spanish and international firms such as Montecchi and Antic Alfar de Santa Rufina. Oscar Tusquets' "Gaulino" chairs are the only furniture in the basement, a neutral area created by Miguel Milá in 1988. The ground floor was designed by Antoni Bonamusa in 1972. An ashtray in every corner lets you know you're welcome to study the samples here at your leisure.

Ràfols
Bori i Fontestà, 4. Tel. 93 2009532

En un lujoso envoltorio muy adecuado al producto, la antigua firma Ràfols ofrece una lencería elegante y suntuosa elaborada con tejidos clásicos como el lino, el raso de algodón, el piqué y el organdí. Interiorismo de Miguel Bogas (1989). También tiene tienda en el Bulevard Rosa de Passeig de Gràcia, 53. In luxurious surroundings very much in keeping with the merchandise, the

47

long-established firmof Ràfols offers elegant, sumptuous drapery in classic fabrics such as linen, satin, piqué and organdie. Interior design by Miguel Bigas (1989). They also have a shop in the Bulevard Rosa, P. de Gràcia, 53.

Riera
Pg. de Gràcia, 91. Tel. 93 2151413
Diagonal, 421. Tel. 93 4160474

Probablemente la mejor dirección especializada exclusivamente en el arte de la mesa. Eso sí, hay para todos los gustos y no para todos los bolsillos: cristalería kosta, porcelana Wedgwood, Rosenthal, Bidasoa... Muy buena atención al cliente.

Probably the best specialist shop dealing exclusively in tableware, which is elevated here to an art. There is no doubt that they cater to every taste, but not to every pocket: Boda crystal and glassware, Wedgwood china, Rosenthal, Bidasoa... and the staff are very attentive.

Servicio Estación
Aragó, 270-272.
Tel. 932 160 216 / fax 93 2160048

Como reza el eterno eslogan, aquí "hay de todo". Tubos y barras de todos los diámetros y materiales, papel de embalar con burbujas, pavimentos sintéticos, contenedores de plástico de todo tipo y tamaño, láminas de acero y de aluminio, material eléctrico, de ferretería, carpintería, fontanería, menaje, tapicería... Los sugerentes escaparates, realizados por Guillermo Forcano y Andreu March, incitan a entrar y perderse por las cinco plantas de estos almacenes, únicos en su género.

As the old slogan says, it's all here. tubes and bars of every possible thickness and material, bubble mat for packaging, synthetic flooring, plastic containers of every size and type, steel and aluminium sheeting, electrical supplies, hardware, tools and materials for carpentery, plumbing, upholstery, home improvement...

The eye-catching shop windows, dressed by Guillermo Forcano and Andreu March, will tempt you inside, to lose yourself in the five floors of this one-of-a-kind hardware shop.

Taller de Lencería
Rosselló, 271. Tel. 93 4153952
Bernat Mateu, 58. Tel. 93 2032067

En esta cautivadora tienda se confecciona lencería y ropa de cama a medida y *prêt-à-porter* y se bordan iniciales al instante. Todo según diseños propios de inspiración antigua. Interiorismo de Pilar Líbano (1988).

In this charming shop, where the bedclothes and table linen are made to order or can be bought "off the peg", they will embroider monograms while you wait. Everything made to their own traditional designs. Interior design by Pilar Líbano (1988).

Tapicerías Gancedo
Rbla. Catalunya, 97. Tel. 93 2152108
Johann S. Bach, 9. Tel. 93 4140409

Además del variadísimo catálogo en tapicería, Gancedo, una de las casas especializadas con más solera, ofrece también moquetas y papel pintado a juego. Si pasearse por esta tienda es un verdadero placer, elegir de entre sus numerosas colecciones puede convertirse en un auténtico problema, especialmente en Rbla. Catalunya.

In addition to an extremely varied selection of soft furnishings, Gancedo, one of the largest specialist shops, also sells matching carpeting and wallpapers. If a stroll around their premises is a real pleasure, choosing from among their numerous collections can be a real problem, especially in the Rbla. Catalunya branch.

Vinçon ver *Diseño, mobiliario e iluminación.*
See *Design, furniture & lighting.*

ANTICUARIOS
ANTIQUES

Gotham
Cervantes, 7. Tel. 93 4124647

Única tienda en la ciudad especializada en mobiliario de los 50 y 60, que incluye también algunas piezas de los 70. Sofás, sillas, mesas o lámparas, con formas dinámicas y desenfadadas, son recuperados por Xema Nogués y Luis Fer-nández y restaurados con tapizados y acabados actuales. Tienen servicio de alquiler para películas y anuncios.

The only shop in the city which specializes in 50s and 60s furniture, although it also has a few pieces from the 70s. Sofas, chairs, tables and lamps with dynamic, unfussy forms, are resuscitated by Xema Nogués and Luis Fernández and restored with contemporary upholstery and finishes. They also run a rental service for films and adverts.

India & Pacific
Ptge. Mercader, 16. Tel. 93 4873703

El mueble colonial antiguo es el principal protagonista de este magnífico almacén pintado de azul y situado en un tranquilo pasaje que ignora el bullicio del Passeig de Gràcia. Los patios ajardinados acaban de invadir el espacio de una atmósfera sedante y evocadora de lejanas tierras y no menos lejanos tiempos. También productos textiles para el hogar.

Antique colonial furniture is the principal protagonist of this magnificent blue-painted warehouse, situated on a tranquil passage just off the bustling Passeig de Gràcia. The neighbouring gardens imbue the interior with a soothing atmosphere evocative of distant lands and no less far-off times. They also sell decorative fabrics.

La Inmaculada Concepción
Rosselló, 271. Tel. 93 2177890

Una de las pioneras en el mueble de recuperación. Su especialidad es el mobiliario de oficio: mesas de oficina de los años 40 y 50, mostradores de panadería, vitrinas de farmacia... Excelente selección de grifería y accesorios de baño, antiguos, pero de primera mano.

This shop has been a pioneer in the field of restored furniture: some Modernista pieces; others in the American style; 40s and 50s office furniture. There is an excellent selection of antique, but unused, bath fittings and accessories.

Lucca
Enric Granados, 151.
Tel. 93 4143289

Mobiliario de estilo francés del siglo XVIII y neoclásico Carlos IV seleccionado con buen gusto por Eduard Arruga y Francesc X. Sabidó. Los muebles, con tendencia al estilo rústico –simple y poco historiado–, no están almacenados, sino que forman diversos ambientes –como muestra de la faceta de interioristas de los propietarios– dentro de un mismo espacio de elegante simplicidad en tonalidades beige.

Furniture in the French 18th-century and Carlos IV neoclassical styles, selected with great taste by Eduard Arruga and Francesc X. Sabidó. The pieces, with a tendency towards a style that is rustic, simple and not too ornate, are not stored away but laid out in different groupings –demonstrating the interior design facet of the shop's owners– in an elegantly simple single space decorated in tones of beige.

El Mercader de Venecia
La Granada del Penedès, 6.
Tel. 93 4158548

Precursora de la moda del mueble exótico y colonialista, de enorme aceptación desde mediados de los noventa. Para ello sus propietarios viajan a países del Lejano Oriente desde donde se traen antigüedades y muebles hechos con maderas nobles. También realizan reproducciones y diseños propios en maderas originales.

A pioneer in the taste for exotic and colonial-style furniture that has been so much in fashion since the mid 90s, the shop's owners travel around the Far East in search of antiques and furniture made from noble woods. They also manufacture their own designs and reproductions in original woods.

Otranto
Pg. Sant Joan, 142. Tel. 93 2072697

No busques escaparate, porque no existe. Otranto es un enorme almacén atiborrado de género de recuperación, cuya propia estética industrial le da carisma al local. Puertas con cristales biselados, chimeneas de mármol modernistas, multitud de elementos de decoración arquitectónica... procedentes en su mayoría de las antiguas viviendas de la burguesía catalana del Ensanche. Cuenta también con una amplia oferta en sanitarios, cerámica y accesorios de baño, todo de reproducción.

Don't look for the shop window, because there isn't one. Otranto is an enormous storeroom, stuffed full of all manner of objects saved from oblivion, whose industrial aesthetic gives the place its charisma. Etched glass doors, *Modernista* marble fireplaces, a host of decorative architectural elements. Alongside the contemporary reproductions are pieces from the houses of the old Catalan bourgeoisie in the Eixample.

Urbana
Còrsega, 258. Tel. 93 2187036
Séneca, 13. Tel. 93 2373644

Una tienda-almacén con maravillosa decoración y escenografía realizadas por Dani Freixes y Vicente Miranda. Chimeneas, mostradores, butacas de cine, muebles de oficina en roble americano, baldosas, etc..., todo recuperado de antiguas casas y restaurado. Muy interesante la reedición de sanitarios y accesorios de baño.

This marvellously laid out and decorated shop-cum-storeroom, the work of Dani Freixes and Vicente Miranda, has fireplaces, counters, old cinema seats, office furniture in American oak, floor tiles, and so on, all salvaged from old houses and restored. Their range of refurbished bathroom fittings and accessories is of great interest.

CARTELES Y PÓSTERS
PRINTS & POSTERS

American Prints
Calvet, 63. Tel. 93 2092785

Pósters importados de USA, carteles de exposiciones de Hockney, Klee, Miró... y fotografías de Helmut Newton, Man Ray, Claxton, Doisneau y un larguísimo etcétera. A finales de cada año, desde 1984, American Prints organiza el Supermercado de Arte, un proyecto que introduce el concepto de consumo en el arte. Como un supermercado, los consumidores llenan sus carritos de la compra con obra gráfica original a precios de ocasión.

Posters imported from the USA, posters advertising exhibitions by Hockney, Klee, Miró, etc., and large format prints of photographs by Helmut Newton, Man Ray, Claxton, Doisneau and a lot more. For the last six Christmases, American Prints has organized the Supermercado de Arte project, bringing the ideas of modern consumerism to the world of art: as in an ordinary supermarket, customers can fill up their shopping trolleys with original graphic work at knocked down prices.

4rt Montfalcon
Boters, 4. Tel. 93 3011325

Esta tienda es buena prueba de la gran aceptación que tiene en estos momentos el cartel, como alternativa a un arte inaccesible para el gran público. Con sede en un palacio del siglo XV con fachada de finales del XVIII, 4rt Montfalcon recoge en un espacio absolutamente medieval una amplísima muestra de carteles y obra gráfica de ilustradores, fotógrafos y pintores de todas las tendencias, épocas y nacionalidades. En la planta superior, con una estética claramente diferenciada, exposiciones colectivas e individuales de obra original. La remodelación de estos impresionantes espacios es de Joaquín Prats (1989).

This shop is ample proof of the considerable popular interest in posters at the moment in response to the unaffordably high prices being demanded in the art market. Located in a 15th century palace with an 18th century facade, 4rt Montfalcon brings together within its thoroughly mediaeval space a very extensive collection of posters and graphic work by illustrators, photographers and painters of every style and movement. On the upper floor, which is quite different in decor and atmosphere, there are group and individual exhibitions of original work. The conversion of these two impressive spaces was carried out by Joaquín Prats (1989).

CENTROS COMERCIALES
SHOPPING CENTRES

Bulevard Rosa
Pg. de Gràcia, 55.

Durante mucho tiempo y antes de la aparición de las grandes superficies comerciales de la Barcelona postolímpica, el *shopping-center* de la ciudad por excelencia, dedicado básicamente a moda y complementos. Lejos de responder a un macroproyecto urbanístico y más parecido a un bazar formado por más de 100 minúsculas tiendas, el Bulevard del Pg. de Gràcia ha ido creciendo hasta ocupar casi la totalidad de una manzana. Tiendas como Efectos Especiales, Polo & Co, Héroes, Puente Aéreo, Zas o la Óptica del Bulevard hacen que atravesar este centro comercial a modo de atajo no sea más que un pretexto. Proyecto: Marià Gispert desde 1978.

For a long time before the advent of the large shopping centres of post-Olympic Barcelona this was the city's number one mall, devoted primarily to fashion and accessories. Far from being the product of some urbanistic macrodevelopment, the Bulevard on the Pg. de Gràcia, with over 100 tiny boutiques, has grown with the years to occupy almost the whole of an *Eixample* city block. Shops such as Efectos Especiales, Polo & Co., Heroes, Puente Aéreo, Zas or the Optica del Bulevard make taking a shortcut through the Bulevard a mere pretext. Project design: Marià Gispert since 1978.

L'Illa Diagonal
Diagonal, 545. Tel. 93 4199436

El centro comercial de la zona alta. Está integrado en el complejo urbanístico que ocupa una gran manzana de la Diagonal e incluye oficinas, escuelas, instalaciones deportivas, párking, discoteca, salas de convenciones y parque. Su apariencia de duro bloque es engañosa: la variedad de accesos, la interrelación del espacio exterior e interior, el trazado de múltiples recorridos salpicados de restaurantes y cafeterías y la enmarcación entre el parque y el paseo que da a la Diagonal, consiguen que el visitante haga kilómetros sin apenas percatarse. Las marcas del momento en moda hombre, mujer y niño tienen aquí su representación. Además, tiendas dedicadas al deporte (Decathlon), juguetes (Imaginarium), discos y libros (Fnac), hogar, etc. así como un supermercado y un mercado. Arquitectos: Rafael Moneo y Manuel de Solà-Morales, Premio F de Arquitectura 1994.

This is *the* shopping centre in the upper part of town, incorporated into the giant complex which occupies one whole huge block on the Diagonal, comprising offices, schools, sports facilities, car parks, a discotheque, conventions suites and a park. The hardness of the outward appearance is deceptive: the variety of accesses, the interrelation between exterior and interior spaces, the network of different itineraries lined with restaurants and cafés and the frame provided by the park and the concourse leading onto the Diagonal combine to encourage the visitor to walk for miles without feeling tired. This is where to find the leading names in men's, women's and children's fashion, as well as shops specializing in sports goods (Decathlon), toys (Imaginarium), books and records (Fnac), household accesories, etc., a supermarket and a market. Architects: Rafael Moneo and Manuel de Solà-Morales, FAD Architecture Prize 1994.

Maremagnum
Moll d'Espanya s/n. Tel. 93 2258100

Con el valor añadido de su enclave –el Port Vell–, el Maremagnum está concebido como un multiespacio del consumo y el ocio. El complejo se articula en distintos cuerpos reunidos en un espacio abierto donde la presencia del mar queda casi eclipsada por la desbordada oferta de consumo. Una serpenteante pasarela, la Rambla de Mar, constituye el agradable nexo con el puerto que invita al paseo. Cuenta con un multicine (8 salas), el Imax y el Aquarium así como el consabido espacio dedicado a tiendas de *gadgets*, golosinas, complementos y moda (Polo, Armand Basi), entre muchas otras. Restaurantes como El Salmonete y Little Italy y bares musicales como Mojito Bar forman parte de la multiplicidad de establecimientos para comer, beber y reír que ponen la guinda al conjunto. Proyecto: Helio Piñón y Albert Viaplana, 1995.

With the added value of its setting in the Port Vell, the old port, the Maremagnum has been conceived as a multivenue shopping and leisure complex, articulated as a series of connecting volumes laid out in an open space where the presence of the sea is almost eclipsed by the abundance of consumer options. A snaking pedestrian bridge, the Rambla de Mar, consti-

active link with the quay- the visitor to stroll across screen cimema, the IMAX and the city's Aquarium, in addition to the well-known mall with its shops selling gadgets, sweets, accessories and fashion clothing (Polo, Armand Basi), amongst many others. Restaurants such as El Salmonete and Little Italy and music bars such as Mojito bar form part of the diverse range of establishments offering food, drinks and entertainment that are the icing on the cake. Design: Helio Piñón and Albert Viaplana, 1995.

El Triangle
Pl. Catalunya, 4. Tel. 93 3441800

Aunque la fachada de este centro comercial, proyectado por los arquitectos Cristian Cirici y Carles Bassó, haya decepcionado a más de uno, sus razonables dimensiones y el interés de los comercios que acoge hacen de él un lugar muy atractivo. Con un enclave privilegiado, en pleno centro de la ciudad, el edificio integra el legendario Café Zúrich, rediseñado por Federico Correa y Alfonso Milá, cuya terraza ha sido durante generaciones un punto de encuentro de excepción.

Although the facade of this shopping centre, designed by the architects Cristian Cirici and Carles Bassó, has been judged by some to be rather disappointing, its rational dimensions and the intrinsic interest of the shops inside are sufficient to make it a major attraction. Standing on a privileged location, right in the heart of the city, the building also incorporates the legendary Café Zurich, redesigned by Federico Correa and Alfonso Milá, the terrace of which has been a favourite meeting place for generations.

DISEÑO, MOBILIARIO E ILUMINACIÓN
DESIGN, FURNITURE AND LIGHTING

ArtQuitect
Comerç, 31.
Tel. 93 2682386 / fax 93 2682461

Especialistas en "vestir" baños con diseños principalmente italianos. Cerámica de Appiani y Bardelli —con moti-

vos de Fornasetti y Gio Ponti–, lavabos y mobiliario auxiliar de baño de Nito y Rapsel –firmados por Siza Vieira y Starck, entre otros– y la clásica grifería danesa de Arne Jacobsen. Un mural de Jordi Castells (1993) y unas notas de azulete confieren un aire mediterráneo a este *show-room* de estética industrial al uso en la zona del Born.

Specialists in "doing up" bathrooms, mainly with Italian designs. Ceramic tiles by Appiani and Bardelli, with patterns by Fornasetti and Gio Ponti, washbasins, toilets and bathroom fittings by Nito and Rapsel, to designs by Siza Vieira and Starck, amongst others, and classic Danish taps by Arne Jacobsen.

The mural by Jordi Castells (1993) and the touches of blue give a Mediterranean air to this showroom with an industrial aesthetic typical of the Born area.

B.D. Ediciones de Diseño
Mallorca, 291-293.
Tel. 93 4586909 / fax 93 2073697

De visita absolutamente obligada, aunque sólo sea para disfrutar de la atmósfera que crea la exhibición conjunta en un espacio modernista de muebles firmados por Mackintosh, Hoffman, Terragni, Gaudí, Thonet, Dalí y Mies van der Rohe. Desde 1979 en los bajos de la casa Thomas, obra de Domènech i Montaner de 1895, B.D., además de editar los clásicos del mobiliario moderno, produce diseños actuales de autores como E. Sottsass, A. Mendini, A. Siza Vieira, Robert Stern, Miguel Milà, André Ricard, Rafael Moneo, Mariscal, Oscar Tusquets y muchos otros. Tiene exclusivas de Artek, Follies (Driade), Woka, Venetian Studium, Wittman y Adelta. Algunas de sus producciones han sido seleccionadas por el MOMA de Nueva York y otros prestigiosos museos. En

1979, premio FAD de Restauración del Ministerio de Cultura. Premio Nacional de Diseño en 1989 y el European Community Design Prize de 1990.

A visit here is absolutely obligatory, even if it's only to enjoy the atmosphere created by the display of furniture designed by Macintosh, Hoffman, Terragni, Gaudí, Thonet and Mies van der Rohe, all together in a *Modernista* space in the basement of the Casa Thomas, an 1895 work by Domènech i Montaner, which they have occupied since 1979. As well as these classics of modern furniture design, B.D. also produce contemporary designs by the likes of E. Sottsass, A. Mendini, A. Siza Vieira, Robert Stern, Miguel Milá, André Ricard, Ricardo Bofill, Rafael Moneo, Mariscal, Oscar Tusquets and many others. They carry exclusive designs by Alessi, Swid Powell, Wittman, Adelta, Celcotti and Owo. Some of their pieces have been selected by the MOMA in New York and other prestigious galleries. FAD Prize in 1979 for the refurbishment, carried out by Studio PER, and the Ministerio de Cultura's Premio Nacional for restoration in 1980. European Community Design Prize in 1990.

Dae
Londres, 99. Tel. 93 4109989

Desde 1989, *show-room* y tienda de la firma DAE, productora de lámparas, farolas, escaleras de caracol y, en especial, de todas las variaciones de chimeneas diseñadas principalmente por los hermanos Milá –Miguel, Leopoldo y Alfonso– y por Federico Correa. Una producción de DAE, la farola "Trónic" creada por Antoni Riera, ganó el Delta de Oro en 1991.

Opened in 1989, this is the showroom and shop for the DAE company, manufacturers of lamps, lampstands, spiral staircases and, above all, fireplaces of every kind, in particular those designed by the Milá brothers –Miguel, Leopoldo and Alfonso– and Federico Correa. The DAE "Trónic" lamp, designed by Antoni Riera, won the Delta de Oro award in 1991.

Dom
Pg. de Gràcia, 76. Tel. 93 4871181

El plástico y los colores fluo se alían en esta divertida tienda de objetos de uso y mobiliario auxiliar. Estética años 50, 60 y 70 reinventada en los 90 y a precios muy razonables.

Plastic and fluorescent colours combine in this amusing shop full of practical objects and occasional furniture, with its 90s reworking of a 50s-60s aesthetic at very reasonable prices.

En Línea Barcelona
Còrsega, 299.
Tel. 93 4151212 / fax 93 4159599

Con productos de procedencia italiana –el diseño nacional está representado únicamente por Carlos Riart–, E.L.B. opta por la combinación del mobiliario más vanguardista con los grandes clásicos del mueble moderno, entre cuyos diseñadores más significativos se encuentran Antonio Citterio, Piero Lisoni y Vico Magistretti. Son asesores en Habitat y Oficina y sus principales firmas son T/70, Porro, Flexform, B&B Italia, Flou y Matteograssi, entre otras.

With a range of products imported from Italy –Spanish design is represented by Carles Riart– E.L.B. has opted for a combination of the most avant-garde furniture and truly classic modern pieces, by outstanding designers such as Antonio Citterio, Piero Lisoni and Vico Magistretti, and also acts as consultants of home and office decor. Amongst their principal manufacturers are T/70, Porro, Flexform, B&B Italia, Flou and Matteograssi.

Greek
Bori i Fontestà, 21. Tel. 93 2093939

El interiorismo elegante y original de la tienda, con toques escenográficos y materiales nobles, ha sido realizado por el arquitecto Dani Freixes. El contenedor concuerda a la perfección con las líneas de mobiliario que ofrece de cocina, baño y hogar: selecto diseño contemporáneo perteneciente a primeras firmas internacionales.

The shop's elegant and original interior design, with dramatic touches and noble materials, is by the architect Dani Freixes. The container is in perfect harmony with the lines of furniture for kitchen, bathroom and living room: quality contemporary design from leading international firms.

Habitat
Diagonal/Tuset. Tel. 93 4154455

Terence Conran ha escogido Barcelona como sede del primer establecimiento de la cadena Habitat en España. Desde finales de 1989 la línea francesa de productos de esta firma ocupa tres plantas de un edificio de Federico Correa y Alfonso Milá. Las jóvenes parejas encuentran aquí una solución

...rar sus futuros ho...o y complementos ...os y bolsillos. Eso sí, ...aquí no hay muebles ...rra al mediodía.

Teren... ...n has chosen Barcelona as the site of the first Habitat store in Spain. The company's French-made products have occupied three floors of a building by Federico Correa and Alfonso Milá since 1989. Here, young couples will find a solution to the fitting out and decorating of their future homes, with furnishings and accessories for all tastes and pockets, since, as a rule, the shop does not sell exclusive "designer" pieces. Open through lunchtime.

Idea Mueble
Via Augusta, 185. Tel. 93 2093122

Templo del mueble de diseño, donde los italianos son la máxima autoridad. Vico Magistretti, Mateo Grassi, Achille Castiglioni, Mario Botta y Paolo Nava comparten de todos modos el estrellato con figuras como Javier Mariscal, Arata Isozaki, Philippe Starck y un larguísimo etcétera. La articulación de las dos plantas que ocupa la tienda –típica de José Antonio Coderch, autor del edificio en 1966– crea recovecos y organiza el mobiliario en diversos pequeños "interiorismos". Idea Mueble cuenta también con una importante selección de piezas de reedición.

A temple of designer furniture, in which the Italians are the high priests. At any rate, Vico Magistretti, Mateo Grassi, Achille Castiglioni, Mario Botta and Paolo Nava share the glory with such figures as Javier Mariscal, Arata Isozaki, Philippe Starck and a host of others. The articulation of the two floors which the shop occupies –typical of the work of José Antonio Coderch, who designed the building in 1966– creates a number of odd nooks and corners, setting out the furniture in a variety of little "interiors". Idea Mueble also have an extensive selection of reproductions.

Insolit
Diagonal, 353.
Tel. 93 2074919 / fax 93 4575299

Su nombre lo explica todo. Juma y Mun diseñan desde 1970 los más insólitos muebles y objetos que, a diferencia de muchas de las imitaciones que les han surgido, son siempre genuinos y es-

tán cargados de una refinada ironía –no exenta de poesía y reminiscencias surrealistas– que no riñe nunca con su calidad estética: el mostrador en forma de piano de cola, la lámpara "Saturno" con anillo de alabastro incluido, las mesitas neoprimitivas y gadgets como la cuchara-espejo de mano. En el altillo del local, fantásticas escenografías creadas por los artífices de este estilo tan

único. Desde 1999 sólo realizan objetos especiales por encargo.

The name –insòlit means unusual in Catalan– says it all. Since 1970 Juma and Mun have been designing the most unusual furniture and objects which, unlike many of the imitations that have appeared over the years, are always genuine, as well as being imbued with a refined irony, not without a certain poetry and surrealist touches, that is never out of step with their aesthetic quality, evident in the counter in the form of a grand piano, the Saturno lamp with its ring of alabaster, the little neoprimitive tables and gadgets such as the spoon-cum-handmirror. On the mezzanine are fantastic set designs by the creators of this thoroughly unique style. Since 1999 they only produce special objects to order.

Joan Lao
Balmes, 217.
Tel. 93 4157536 / fax 93 2173636

Este espectacular espacio es, además de tienda, estudio de diseño y arquitectura interior de Joan Lao, su artífice. Un local diseñado hasta el último detalle –pavimento, revestimentos, iluminación, ambientes varios, etc.– que sirve tanto de escenario para mobiliario de creación propia como de muestra del trabajo de Joan Lao en su faceta de interiorista.

This spectacular space is not just a shop, but the design and architecture studio of Joan Lao, the man responsible for the look of the premises, designed down to the last detail –flooring, wall surfaces, lighting, the various different settings, etc.– and serving to illustrate Lao's interior design work as well as provide a stage for the furniture, by Lao himself and by other Spanish designers.

Laboratorio de Objetos
Riera de Sant Miquel, 34.
Tel. 93 2173361 / fax 93 2186819

Alicia Núñez y Enric Miralbell crearon en 1996 este *showroom*-taller con la idea de recuperar el objeto-arte como alternativa al mueble de diseño de gran difusión. Esta "dignificación" del objeto diseñado se basa no sólo en la labor creativa de ambos diseñadores, sino en la utilización de métodos artesanales y en la producción en series limitadas. Muebles hechos de maderas macizas, diseños en que prevalecen las formas orgánicas y en general objetos de uso con identidad propia lucen todo su carácter en un espacio que nos evoca en cierto modo el entorno mironiano de los años cincuenta. La aportación más interesante de los 90 a este capítulo.

Alicia Núñez and Enric Miralbell created this workshop-showroom in 1996, with the idea of reinstating the art object as an alternative to commercially distributed designer furniture. This "dignifying" of the designed object is achieved not only through the creative efforts of the two designers but through the use of craft methods and production in limited series. Furniture made of solid wood, designs with a prevalence of organic forms and, in general, functional objects with a definite identity of their own, all on show in a space that has something of the character of the 50s Miró. This is the most interesting 90s contribution to this section of the guide.

Manbar
Via Augusta, 61.
Tel. 93 2186450 / fax 93 2173437

Casi 1.500 m² destinados exclusivamente a la exposición de mobiliario de oficina. Cerca de 44 años de experiencia avalan los proyectos e instalaciones realizados por el equipo de profesionales que colabora con Manbar. Mio Dino, Poltrona Frau, Wilkhahn, Aridi y Rexite son algunas de las marcas nacionales e internacionales que distribuyen.

Almost 1,500 m² devoted exclusively to office furniture, with nearly 44 years of experience to back up the projects and installations carried out by Manbar's team of professionals. Mio Dino, Poltrona Frau, Wilkhahn, Aridi and Rexite are amongst the Spanish and international firms represented here.

Nancy Robbins
Pau Claris, 181. Tel. 93 2156334

Tras quince años de retiro por parajes del Ampurdán, la neoyorquina Nancy Robbins decidió que había llegado la hora de dar a conocer sus diseños. En su tienda, vecina de Vinçon, se exhiben desde 1989 muebles, lámparas y accesorios creados por ella en un estilo minimalista con evocaciones Art-Déco. También realiza periódicamente presentaciones de obra de artistas y de piezas de diseñadores que selecciona para su colección particular. Entre sus diseños más conocidos, la coqueta lámpara "Bombón". Diseño del logotipo: Edward Robbins. Abierto de 4 a 8 de la tarde.

After fifteen years away from it all in the depths of the Ampurdán countryside, New Yorker Nancy Robbins decided the time had come for her designs to get better known. She has been showing her furniture, lamps and accessories, created in a minimalist style with Art Déco allusions, in her shop next door to Vinçon sin 1989. She also gives regular presentations of work by other artists and designers, chosen from her own private collection. Among her best-known designs is the coquettish "Bombón" lamp. Logo designed by Edward Robbins. Open from 4 until 8 in the evening.

Pilma
Diagonal, 403. Tel. 93 4161399
València, 1. Tel. 93 2260676

Macrotienda de mobiliario y accesorios de diseño nacional e internacional; un espacio transparente y luminoso donde cada mueble y objeto tienen aire a su alrededor y donde pasearse casi equivale a perder la noción del tiempo. Las colecciones de Zeus, las alfombras producidas por Nani Marquina, lo último de Oscar Tusquets, las colecciones de Alessi y Ritzenhoff, los encantadores útiles de cocina de Eva Trío, todo se hace más que irresistible en este paraíso del diseño proyectado en 1987 por Lluís Cantallops y Miguel Simón. La primera tienda Pilma (València, 1) fue asimismo creada por Ll. Cantallops junto con Elías Torres y

J. A. Martínez Lapeña en 1973 y seleccionada ese mismo año para el premio FAD de Interiorismo.

A superstore of Spanish and international designer furniture and accessories; a transparent, luminous space in which each piece or object has room to breathe, where you can almost lose all sense of time as you stroll around. The Zeus collections, the carpets produced by Nani Marquina, the latest Oscar Tusquets design, the collections from Alessi and Ritzenhoff, Eva Trio's delightful kitchen utensils, all become even more irresistible in this design paradise on the Diagonal, dreamed up by Lluís Cantallops and Miguel Simón in 1987. The first Pilma store, in carrer València, was also created by Ll. Cantallops, together with Elías Torres and J.A. Martínez Lapeña, in 1973, and was chosen for the FAD interior design award in 1973.

Punto Luz
Pau Claris, 146. Tel. 93 2160393

La luz contemporánea domina esta tienda de lámparas. Firmas italianas como Flos, Arteluce, Artemide, Fontana Arte, Cini Nils y nacionales como Metalarte, B.D. Ediciones de Diseño, Santa & Cole, DLC, etc. Entre diseños inequívocamente actuales se mezclan piezas maestras recuperadas del pasado, como la lámpara-reflector creada por Mariano Fortuny en 1903 y reeditada en 1979 por Ecart.

Contemporary lighting predominates in this lamp shop. Italian manufacturers such as Flos, Arteluce, Artemide, Fontana Arte and Cini Nils, and Spanish firms such as Metalarte, B.D. Ediciones de Diseño, Santa & Cole, DLC, etc. Unmistakably contemporary designs alternate with masterpieces revived from the past, such as the reflector lamp created in 1903 by Mariano Fortuny and reissued in 1979 by Ecart.

Santa&Cole
Santíssima Trinitat del Mont, 10.
Tel. 93 4183396 / fax 93 4183812
Johann Sebastian Bach, 7. Tel. 93 2418740

El que fuera el pabellón austriaco de la Exposición Universal de 1929, una curiosa nave de paredes de cemento y techumbre de madera y uralita, fue recuperado en 1985 para convertirse inicialmente en sede del taller y productora de los diseñadores que la fundaron y le dieron el nombre. En la actualidad Santa&Cole, un atractivo y sedante espacio donde perder la noción del tiempo es fácil, alberga las más prestigiosas colecciones distribuidas en cuatro secciones principales: hogar, mobiliario urbano, proyectos de cocina e instalación de oficinas. Thonet, Cassina, Bulthaup, USM Haller y Vitra son algunas de sus firmas más representativas. Continúan también editando su famosa colección de lámparas de creación propia. Se recomienda la visita. Su segunda tienda inagurada en 1999 está dedicada enteramente al amueblamiento de cocinas.

What was originally the Austrian Pavilion at the International Exhibition of 1929, a curious bay with concrete walls and a roof of wood and cement fibre was taken over by the firm in 1985, initially as the workshop in which the founding partners produced their designs. Nowadays the Santa & Cole premises –an attractive, soothing space in which it is easy to lose all sense of time– house the most prestigious design collections, grouped in four main sections: home interiors, street furniture, kitchen projects and office decor. Thonet, Cassina, Bulthaup, USM Haller and Vitra are amongst the top names represented here. At the same time, Santa & Cole continue to produce their famous range of lamps, designed by themselves. Well worth a visit. Their second shop, opened in 1999, is entirely dedicated to fitting out and furnishing kitchens.

Tecmo
Balmes, 468. Tel. 934 174 805

Cuando en 1960 esta tienda situada al pie del Tibidabo abrió sus puertas, la intención de los Sres. Galí era ofrecer al público una muestra de diseño contemporáneo y, por aquel entonces, era el mueble foráneo el que acaparaba prácticamente todo el protagonismo. Pero las cosas han cambiado y después de treinta años, muebles diseñados por Vico Magistretti, Le Corbusier y Philippe Starck conviven felizmente con creaciones de Oscar Tusquets, Javier Mariscal y Pep Bonet. Desde 1995 se exponen también cocinas de diseño propio. El interiorismo actual es de Jordi Galí.

When this shop, situated at the foot of Tibidabo, opened its doors in 1960, the aim of the Galí's was to offer the public a cross-section of contemporary design, and in those days foreign furniture occupied almost all of the lime-light. However, times have changed, and thirty years on pieces by Vico Magistretti, Le Corbusier and Philippe Starck happily coexist with the creations of Oscar Tusquets, Javier Mariscal and Pep Bonet. Since 1995 they have also displayed their own range of kitchens. The present interiors are by Jordi Galí.

Vinçon
Pg. de Gràcia, 96. Tel. 93 2156050

Francamente, el que deje Barcelona sin haber puesto los pies en Vinçon no tiene perdón. La inclasificable por excelencia es mucho más que una tienda, es desde finales de los 60 un escenario permanente de la evolución del diseño nacional. Empezando por los escaparates, escenografías entre poéticas e irónicas realizadas por Ramón Pujol, entrar en esta tienda provoca una excitación irrefrenable. El culpable de todo esto es Fernando Amat, incombustible investigador del mundo de lo diseñado y diseñable y convencido defensor de esos objetos de creación anónima que llenan nuestra cotidianidad. En la planta baja se distribuyen las secciones de complementos, objetos de escritorio, iluminación, accesorios y equipamientos para el hogar y el baño, incluyendo el apartado de diseño propio de cocinas. En la primera planta, un piso intacto de la alta burguesía catalana del cambio de siglo, se expone todo el mobiliario de nuestros mejores diseñadores. ¡Visita absolutamente obligada! Su nueva tienda Tinçcon, en la misma manzana, pero con entrada indepen-

diente desde la calle Roselló, 246, está dedicada a todo lo relacionado con el descanso: camas, edredones, mantas, luces de lectura, bandejas para el desayuno, o libros sobre el sueño.

There is, frankly, no forgiving the visitor who leaves Barcelona without having set foot in Vinçon. This truly impossible-to-classify establishment is much more than a shop, and has been a permanent stage on which the evolution of Spanish design has been enacted since the 60s. Starting with the display windows, somewhere between the poetic and the ironic, by Ramón Pujol, there is an irrepressible thrill to entering these premises. The blame for all this lies with Fernando Amat, incombustible investigator of the world of the designed and the designable and committed defender of those anonymous objects that populate our daily lives. The accessories, office material, lighting, bathroom and household goods departments, including their own kitchen designs, are laid out on the ground floor. On the first floor, an entire upper middle class Catalan family apartment from the turn of the century, all the best furniture from the best Spanish designers is on show. A visit is absolutely compulsory!

Their new shop Tincçon (in Catalan a play on words: "I'm sleepy"), in the same block, but with its own separate entrance at carrer Rosselló, 246, is dedicated to everything relating to rest and repose: beds, duvets, blankets, bedside lights, breakfast trays and books about sleep.

Zeta
Avinyó, 22. Tel. 93 4125186

Es principalmente el escaparate de la actividad creadora de jóvenes diseñadores extranjeros afincados en Barcelona. Artistas como Sig, Pascal Frot, Martín Renes o Lu, entre muchos otros, presentan aquí sus peculiares propuestas en mobiliario, iluminación y complementos personales y para el hogar. El hierro, la madera maciza y materiales reciclados abundan en esta tienda diseñada en 1996 por Sig. Destaca el inquietante volumen de hierro suspendido a modo de altillo-garito cuya única función es romper la uniformidad de un espacio en el que se ha respetado su esencia de antiguo almacén.

This is primarily a showroom for the creative talents of young Barcelona-based designers. Artists such as Sig, Pascal Frot, Martin Renes and Lu, to name but a few, present their highly individual work in furniture, lighting and accessories here. Wrought iron, solid wood and recycled materials can all be found in abundance in this shop, designed by Sig in 1996. Of special note is the alarming quantity of wrought iron suspended from the ceiling to form a kind of mezzanine-den, the only real function of which is to break up the uniformity of the space, which has in essence remained faithful to the original character of this former warehouse.

FLORISTERÍAS Y PLANTAS
FLORISTS AND PLANTS

Jarclós Plantas
Escoles Pies, 67.
Tel. 93 2124596 / fax 93 2119231

Como jardinería hacía 4 años que funcionaban, pero fue en 1972 cuando crearon el primer *garden center* urbano del estado. Desde entonces, Jarclós ha ido evolucionando. En Escoles Pies 67, centros para regalo, cestería, elementos para terraza y complementos. En Collcerola 22, árboles, arbustos y una extensión abierta orientada al *self-service*. Finalmente 2.000 m² de variedades en Sant Cugat.
A pesar de trabajar mucho en floristería, Jarclós dirige más sus pasos hacia proyectos, consejos y una amplia gama de servicios.

Although the gardening service has only been going for four years, this, the first urban garden centre in Spain, was opened in 1972. Jarclós has evolved considerably since then. Escoles Pies has a gift centre and departments for baskets, terrace plants and accessories; in Collcerola 22 they have trees, shrubs, and a recently opened self-service section; finally, in Sant Cugat, there are varieties of all kinds spread over an area of 2,000 m². Although working extensively in floristry, Jarclós is currently moving more in the direction of projects, consulting and a wide range of other services.

María Ponsa
Rbla. Catalunya, 124. Tel. 93 2186781

Rústico y pequeño, a este rincón se acercan paseantes atraídos por el encanto de esta famosa calle. María Ponsa diseñó y dio nombre a un espacio aprovechado al máximo. Buena calidad en flores y arreglos muy, muy exóticos.

The charms of this famous thoroughfare draw passersby to this rustic little corner which María Ponsa, who designed it and gave it her name, has made the fullest use of, offering flowers of quality and very, very exotic arrangements.

Mercat de la Concepció
València-Bruc. Tel. 93 2575329

A las puertas de este mercado existen numerosas "paradas" de flores que permanecen abiertas las 24 horas.

There are a number of flower stalls, open 24 hours a day, at the doors of the market.

Prats
Diagonal, 572. Tel. 93 2000741.
Pl. Bonanova, 1. Tel. 93 2126137

No hay recepción o fiesta que se precie en Barcelona cuyos adornos florales no sean realizados por Prats. En sus dos tiendas ofrece gran variedad en flores naturales y también lo más exótico en flores secas traídas desde lejanos países.

There is hardly a reception or party in Barcelona whose floral decoration is not supplied by Prats. Their two shops offer a great variety in fresh flowers, together with a selection of all that is most exotic in dried flowers from faraway lands.

GASTRONOMÍA
FOOD

Colmado Quílez
Rbla. Catalunya, 63. Tel. 93 2152356

Uno de los establecimientos más genuinos de la ciudad, con más de 50 años de servicio al público. Empezando por el escaparate, su decoración mantiene el encanto de antaño. En sus estanterías se amontonan desde el suelo hasta el techo todo tipo de conservas y productos envasados, la especialidad de la casa. Aparte del surtido alimenticio y vinícola nacional, vinos y licores de todo el mundo y champagne principalmente importado de Italia, Francia y Alemania.

One of the most authentic establishments of its kind in the city, with more than 50 years in the service of the public. Starting with the shop window, the decoration retains the charm of days gone by. The shelves are stacked from floor to ceiling with conserves and cans and jars all kinds, the house speciality. In addition to the wide variety of Spanish foodstuffs and wines, there are wines and spirits from all over the world, as well as French champagne and sparkling wines from Italy and Germany.

Escribà
Rambla, 83. Tel. 93 3016027

Antigua Casa Figueres, ampliada y remodelada en 1986 por la familia Escribà, un nombre asociado a la repostería en Barcelona. Conserva parte de su antiguo diseño modernista, del que destacan los mosaicos de la fachada. Chocolate, pasteles y helados son las tres especialidades de la casa.

The confectioner's, extended and remodelled by the Escribà family in 1986, was formerly the Figueres, a well-known name for cakes and pastries in Barcelona. The shop retains part of its old *Modernista* design, with particularly fine mosaics on the facade. Chocolate, cakes and ice creams are the three specialities of the house.

Fargas
Boters, 16. Tel. 93 3020342

Casa-chocolatería en la que se pueden adquirir trufas recién hechas y cafés de importación. Un antiguo molino le da al chocolate un sabor insuperable, resultado de un esmerado tratamiento artesanal.

A chocolate shop where you can buy freshly-made truffles and imported coffees. An old mill gives the chocolate an incomparable flavour, the product of painstaking craftsmanship.

Foix
Pl. de Sarrià, 12-13. Tel. 93 2030473
Major de Sarrià, 57. Tel. 93 2041791

De entre las numerosas pastelerías que surgieron a finales del siglo pasado y durante el fervor modernista, ésta es una de las pocas cuya decoración no ha sido fatalmente mutilada. Fundada en 1886 por el padre de un famoso poeta catalán, sus dulces, sus bombones, pasteles, pastas saladas, etc., siguen caracterizándose por su sabor artesanal. Los domingos se llena de gente bien que se detiene a comprar un postre de camino a casa de los abuelos, como manda la tradición.

Of the numerous confectioners' which appeared at the turn of the century, during the heyday of *Modernisme*, this is one of the few whose decoration has not been fatally mutilated. Founded in 1886 by the father of a famous Catalan poet, their sweets, desserts, cakes and savouries are still characterized by their authentic craftsmanship. On Sundays the shop is full of excellent folk stopping to buy cakes and desserts on their way to visit their relatives, in the time-honoured fashion.

Gispert
Sombrerers, 23. Tel. 93 3197535

Tan sólo hay que dejarse llevar por el excelente aroma que invade el barrio de la Ribera para localizar este antiguo comercio remodelado en 1993 por los Gispert. Especializados en el tueste de la avellana, ofrecen la mejor calidad en frutos secos y elaboran sus productos de forma tradicional.

Un horno del siglo pasado es su más valioso instrumento de trabajo que, además, el cliente puede visitar. También otros productos *delicatessen*: confituras, mostazas...

All you need to do is follow the wonderful aroma wafting through the Ribera district in order to find this old nut-toasting establishment, remodelled by the Gisperts in 1993. Specialists in toasted hazelnuts, they offer the finest quality in nuts, all of them prepared in the traditional manner.

The original 19th-century oven is a highly valued tool of the trade, which customers are welcome to inspect. Their other craft-elaborated delicacies include jams, mustards...

Cafés El Magnífico
Argenteria, 64. Tel. 93 3196081
Grunyí, 10. Tel. 93 3103361

La familia Sans se dedica desde 1919 a la importación de cafés de todo el

59

mundo y a su cuidadísimo tratamiento. Aquí se pueden encontrar cafés de Colombia, Costa Rica, Guatemala, Etiopía, de Jamaica y Hawai –los más caros del mundo– y también mezclas de elaboración propia. Si tanto café le aturde, la familia Sans le orientará gustosamente en la elección del que más se ajusta a las exigencias de su paladar. Cerrado sábados tarde.

The Sans family have devoted themselves to the importing and meticulous preparation of coffees from around the world since 1919. Here you will find coffees from Colombia, Costa Rica, Guatemala, Ethiopia, Jamaica and Hawaii –the most expensive in the world– as well as their own special blends. If you find yourself confused by this wealth of different coffees, the Sans family will gladly help you to choose the one most suited to your palate. Closed on Saturday afternoons.

J. Murria
València, 310. Tel. 93 2155789

Colmado de los que ya no quedan, con fachada, escaparates y mobiliario en el más puro estilo clásico. *Delicatessen* europeas y especialidades de toda Catalunya, incluida la coca, que aquí se vende a metros.

An old-fashioned "colmado", this grocer's shop is one of the last of a vanished breed, with facade, display windows and furniture in the purest classical style. Delicatessen from all over Europe and specialities from every region of Catalonia, including the *coca* pastry, sold here by the metre.

Planelles-Donat
Portal de l'Àngel, 7. Tel. 93 3172926
Cucurulla, 9. Tel. 93 3172926

Cinco generaciones de esta familia venden todo tipo de turrones desde 1870, sirviéndose exclusivamente de un mostrador instalado en el portal de un viejo edificio de Ciutat Vella. Cuando llega la Navidad todos los barceloneses tienen una cita obligada en esta tienda. En el Portal de l'Àngel 25, ofrecen también diversas variedades de helado.

From a counter set up in the doorway of an old building in the Ciutat Vella, five generations of this family have sold *turrons* (a kind of nougat) of every variety since 1870. When Christmas comes, this shop is a must for the whole of Barcelona. They also sell assorted flavours of ice cream at Portal de l'Àngel, 25.

Roura
Calaf, 15. Tel. 93 2091769

Mucho antes de la proliferación de las "boutiques del pan" esta panadería ya elaboraba pan según distintas fórmulas y en el más puro hacer artesanal. Ofrece también masa para hojaldre, pasta brisa y pizza. La restauración realizada hace 20 años no le ha hecho perder su bastante peculiar estilo neoclásico.

Long before the boom in specialist bread shops, this bakery was already making bread to various recipes in the purest craft tradition. They also sell dough for puff pastry, shortcrust pastry and pizzas. The restoration work here twenty years ago has left the rather peculiar neoclassical style of the place still in evidence.

Sans & Sans Colonials
Argenteria, 59. Tel. 93 3196081

Con el mismo espíritu que caracteriza Cafés El Magnífico, la familia Sans decidió, en 1996, dar un espacio propio a las más de doscientas clases de té importados de la India, Ceilán, Japón, Formosa, Indonesia y Kenia. También accesorios para una buena preparación. Cerrado sábados tarde.

In a similar spirit to that of Cafés el Magnífico, the Sans family decided in 1996 to devote a space to their more than 200 types of tea, imported from India, Sri Lanka, Japan, Formosa, Indonesia and Kenya.

Semon
Ganduxer, 31. Tel. 93 2016508

Un clásico de los platos preparados selectos y de la charcutería de lujo. Maria Semon lleva 30 años complaciendo a los barceloneses más sibaritas en una cocina afrancesada y catalana de altísima calidad. Ensaladillas como la húngara o la de apio, *el bacallà a la llauna*, el lomo relleno de ciruelas y postres como la exquisita mousse de chocolate hacen de este establecimiento un punto de referencia obligado. Ideal en ocasiones muy especiales o simplemente en días en que queremos obsequiarnos con pequeños placeres. En L'Indret, el renovado comedor de Semon, se pueden degustar especialidades como el salmón ahumado, el mejor de Barcelona. Precios justificadamente altos. Interiorismo de Klaus Wagner (1962).

This is a *locus classicus* of succulent

ready-prepared dishes and delicacies. Maria Semon has been catering to the palates of Barcelona's epicures with French and Catalan cooking of the highest quality for thirty years now. The also sell all the utensils for proper tea-making. A selection of salads, including Hungarian and Celery, cod *a la llauna*, pork stuffed with plums, and desserts such as an exquisite chocolate mousse, make this establishment an essential point of reference. Perfect for special occasions, or simply for those days when you feel like rewarding yourself with a little treat. In *L'Indret*, Semon's newly renovated dining room, you can savour specialities such as the best smoked salmon in Barcelona. The prices are justifiably high. Interior design by Klaus Wagner (1962).

Tokyo-ya
Av. Roma, 53. Tel. 93 4393040

Para los adeptos a la cocina japonesa más osados. Gran variedad de productos genuinos; todo excepto pescado fresco. Recomendable pedir instrucciones de uso en algunos casos.

For the more daring initiates in the art of Japanese cuisine. A wide range of authentic products: everything except fresh fish. In some cases it may be advisable to ask for instructions.

Viniteca Vila
Agullers, 7. Tel. 93 2683227

Desde 1932 la familia Vila se dedica a la venta de licores, vinos y comestibles. Es en 1994 cuando el emprendedor Quim Vila decide abrir una nueva tienda dedicada exclusivamente al vino. La cantidad de botellas expuestas es suficiente para alegrar el ánimo de quien visita este local sin pretensiones y en donde se puede encontrar desde un vino de mesa común a las exquisiteces más caras y especiales. Además, se organizan degustaciones en un local anexo donde se exhiben algunas botellas exclusivas.

The Vila family have been selling wines, spirits and foodstuffs since 1932. One day in 1994, the enterprising Quim Vila decided to open a new shop, exclusively devoted to wines. The sheer number and variety of bottles on display will bring joy to the heart of visitors to this unpretentious shop, stocked with everything from modest table wines to the most exquisite and costly rarities. They also run wine-tastings in the premises next door, where some of their more exclusive vintages are on display.

GRANDES ALMACENES
DEPARTMENT STORES

El Corte Inglés
Pl. Catalunya, 14. Tel. 93 3021212
Av. Diagonal, 617. Tel. 93 4192828
Av. Diagonal, 417. Tel. 93 4192020
Av. Portal de l'Àngel, 19-21.
Tel. 93 3063800

Los únicos grandes almacenes de la ciudad, sobresaliendo con bastante ventaja los de la parte alta de la Diagonal. De Pl. Catalunya hay que destacar la remodelación a mediados de los 90 de la fachada según el proyecto de Elías Torres y J. A. Martínez Lapeña. En el Portal de l'Àngel, desde el edificio neoclásico que ocuparan los entrañables almacenes Can Jorba, el Corte Inglés ha hecho incursión en el más que rentable mundo del ocio con 6 plantas dedicadas a música, imagen, libros y deporte. Sus productos siguen una línea ascendente de calidad y variedad con el único problema de que todo recibe el mismo tratamiento. Lo bonito se mezcla con lo feo y hay que saber buscar. De primera categoría es la sección de cosmética y perfumería. Stands al estilo de los *department stores* neoyorquinos son atendidos por vendedoras embajadoras de las firmas de más prestigio mundial. Destaca también el supermercado que pone a prueba al más escéptico y concienciado de los consumidores: un espacio amplio, cómodo y excepcionalmente pulcro con un vastísimo surtido de alimentos frescos y envasados, platos preparados, congelados, productos de todas las marcas nacionales y de importación, etc.; todo de primerísima calidad. Abierto desde las 10 hasta las 21.

The only large department store in the city, head and shoulders above the ones on the upper part of the Diagonal. The facade of the Plaça Catalunya store was given a noteworthy facelift in the mid 90s by the architects Elías Torres and J. A. Martínez Lapeña. In Portal de l'Àngel, in the neoclassical building formerly occupied by the delightful Can Jorba haberdashery, El Corte Inglés has established a presence in the high-turnover leisure market, with 6 floors devoted to music, video, books and sporting goods. These stores offer a range of goods varying in quality and price, although unfortunately everything is presented in the same way, with the beautiful set out alongside the ugly, and you have to know how to find your way through the resulting mishmash. The cosmetics and perfume department, however, is first rate. Stands like those in top department stores all over the world are staffed by veritable ambassadors of the world's most prestigious beauty firms. The supermarket, too, is exceptional, and would test the most demanding and hard-to-impress shopper: a spacious, comfortable and spotlessly clean setting with a truly vast assortment of fresh and packaged foods, ready-prepared dishes, a freezer department, produce from the leading Spanish and foreign manufacturers, and so on, all of the finest quality. Open from 10 am until 9 pm.

HERBORISTERÍAS
HERBALISTS

Anormis
Ciutat, 3. Tel. 93 3023004

Anormis es el nombre de una hierba que condimenta el pollo y que patentó el doctor Rovira, quien fundó el siglo pasado esta pequeña y carismática herboristería. Ofrece una amplia gama de hierbas medicinales y especias para condimentar todo tipo de platos y suministra digestivos según fórmula secreta al Hotel Palace y restaurantes de la zona.

Anormis is the name of a seasoning for chicken, patented by a certain Dr. Rovira, who founded this charismatic little herbalist's late in the last century. They offer a wide range of medicinal herbs, and spices of all kinds, as well as supplying a secret-formula *digestif* to the Hotel Palace and various local restaurants.

L'Herbololari del Rei
Vidre, 1. Tel. 93 3010193

Se inauguró en 1823 y su estilo es una síntesis romántica de la época de Luis XVI y vestigios rococó. Una herboris-

tería llena de encanto, con mucho colorido en las paredes y una monumental fuente de mármol.

This herbalist's opened in 1823, and the style is a romantic synthesis of Louis XVI and vestiges of rococo. A truly charming shop, with lots of colour on the walls and a monumental marble fountain.

JOYERÍAS Y RELOJERÍAS
JEWELLERS AND WATCHMAKERS

Bagués
Pg. de Gràcia, 41. Tel. 93 2160173

La joyería de siempre de las familias conservadoras de Barcelona, con una tradición centenaria y una situación privilegiada: la casa Ametller, obra del arquitecto modernista Puig i Cadafalch incluida en toda ruta turística.

Timeless jewellery for Barcelona's conservative families, with a hundred year-old tradition and a privileged location: the Casa Ametller, work of the *Modernista* architect Puig i Cadafalch, part of every tourist's itinerary.

Joaquín Berao
Rosselló, 277. Tel. 93 2186187

De visita aconsejada, tanto por las maravillosas creaciones de Berao, como por el entorno diseñado para ellas por Tonet Sunyer y Tomàs Morató: un espacio estrecho sobriamente decorado con motivos secesionistas, tales como el paradigmático cuadrado de Hoffmann. Joyas vanguardistas, absolutamente irresistibles, en plata, oro y bronce. Premio FAD de Interiorismo 1984.

Well worth a visit, both for Berao's marellous creations and for the setting, designed by Tonet Sunyer and Tomàs Morató: a narrow space soberly decorated with Secessionist motifs, such as Hoffmann's paradigmatic square. Ab-

solutely irresistible avant-garde jewellery in silver, gold and bronze. FAD interior design prize,1984.

Efectos Especiales
Bulevard Rosa-Pg. de Gràcia, 55.
Tel. 93 2159031
Pedralbes Centre-Diagonal 609-615.
Tel. 93 4191034

Pequeños templos para los amantes de los complementos que hacen brillar con luz propia las mejores y más bonitas piezas de bisutería –¿o joyería?– seleccionadas por Pilar Pasamontes. También cinturones, bolsos, sombreros y bañadores, todo para enamorarse. Conservando el estilo que le imprimió Josep Aragall en los 80, su interiorismo evoluciona al paso que lo hace la moda. La más joven Efectos Esenciales ocupa desde 1994 un etéreo y luminoso espacio de l'Illa (Diagonal, 545) y ofrece una línea de bisutería más básica pero igualmente cautivadora.

Little shrines for lovers of accessories in which the best and prettiest pieces of costume jewellery –or jewellery?– selected by Pilar Pasamontes are allowed to shine. They also have belts, bags, hats and swim suits you'll fall in love with. The interior design, while retaining the style of Josep Aragall's 80s project, keeps evolving in step with the times. The youngest of the Efectos Especiales shops has occupied an ethereal, luminous space in l'Illa (Diagonal, 545) since 1994, where it offers a more basic but equally captivating line of costume jewellery.

Forum Ferlandina
Ferlandina, 31. Tel. 93 4418018

Esta tienda-galería especializada en joyería contemporánea, nacional e internacional, es uno de esos lugares que ejemplifican la atracción de centroeuropa por el sur y lo fructífero de los intercambios. Al frente de la iniciativa está la suiza Beatriz Würsch que propone descubrir la pieza de joyería como parte integrante de las manifestaciones artísticas actuales. La tienda dispone de taller contiguo, y se ofrece en alquiler para aquellos artistas joyeros que deseen pasar una temporada en la ciudad sin abandonar su trabajo.

This shop-cum-gallery specializing in contemporary jewelry, Spanish and imported, is one of those places that exemplify the attraction felt by Northern Europe for the south and show how fruitful exchanges can be.

The initiative is headed by the Swiss Beatriz Würsch, who proposes a place for jewelry as an integral part of the present-day artistic panorama. The shop has a workshop next door, and offers space for rent to jewelry artists who feel like spending some time in Barcelona without abandoning work.

Grus Watch
El Triangle. Pelai, 39. Local L. Barcelona.

Esta firma catalana de relojes nació en 1991 con una idea original: no poner la marca en las esferas, en una apuesta por la creatividad y el diseño. El rigor conceptual de sus relojes le ha valido entrar en las tiendas de los museos más importantes del mundo. Su primera tienda propia ha sido diseñada con forma radial como referencia a la esfericidad del reloj y al movimiento de la maquinaria; y permite al cliente probarse todos los modelos expuestos, –más de 150–, sin que medie nadie entre él y el reloj.

This firm of Catalan watchmakers was founded in 1991 with an original idea: not to put the trademark on the watch face, in the interests of creativity and design. The conceptual rigour of their watches has earned them a place in the shops of the world's most important museums. This shop, the firm's first exclusive outlet, has been designed with a radial form in reference to the shape of the watch face and the movement of the mechanism. Here the customer is at perfect liberty to examine all of the models on display –more than 150– without anyone mediating between him or her and the watch.

Hipòtesi
Provença, 237.
Tels. 93 2150298 / 93 4870683

Los diseños más arriesgados y extravagantes en joyería contemporánea y los tejidos más suntuosos y coloristas rompen la neutralidad de este espacio de estética industrial creado en 1997 por Pilar Vila. Nombres conocidos como los de Enric Majoral, Chelo Sastre, Concha Blanch y Kima Guitart se unen a los de cerca de noventa creadores nacionales y extranjeros para completar el catálogo de una de las tiendas más vanguardistas de la Rambla Catalunya.

The most daring and extravagant designs in contemporary jewellery and the most sumptuous and colourful fabrics shatter the neutrality of this industrial-style space created by Pilar

Vila in 1997. Well-known names such as Enric Majoral, Chelo Sastre, Concha Blanch and Kima Guitart are amongst the more than 90 Spanish and foreign jewellers to be found in what is one of the most avant-garde shops of the Rambla Catalunya.

Enric Majoral
Laforja, 19. Tel. 93 2380752
Pedralbes Centre-Diagonal, 609-615.
Tel. 93 4191880

Arquitectura mágica e intimista para las creaciones de Majoral, joyas sinuosas y amorosas predominantemente en plata. También diseños en oro, bronce –a veces oxidado–, piedras e, incluso, metacrilato. Interiorismo: Josep Melo (1987).
Magical, intimate architecture for Majoral's creations, sinuous, amorous jewellery, predominantly in silver, although there are also pieces in gold, bronze –sometimes oxidised–, gemstones and even perspex. Interior design by Josep Melo (1987).

R. Ollé
Santaló, 39-41.
Tel. 93 2004580

Las únicas concesiones ornamentales en este reducido espacio son dos sillas de Mario Botta y el uso de acero cromado en urnas expositoras y rótulo. Las protagonistas son las joyas, creaciones de Ollé en oro, plata, piedras, madera y pizarra. Interiorismo: Eduard Samsó (1986).
The only concessions to ornament in this small shop are two chairs by Mario Botta and the use of chrome steel for display cases and the shop sign. Attention is firmly directed towards the jewellery itself, Ollé's own creations in gold, silver, gemstones, wood and slate. Interior design: Eduard Samsó (1986).

Oriol
Bori i Fontestà, 11. Tel. 93 2010377

Sencillez y buen gusto en las creaciones de Ramon Oriol, cuya filosofía supo recoger Pepe Cortés en el diseño del local en 1975. Joyas y objetos en plata, como cafeteras, ceniceros, pitilleras, etc.
Simplicity and good taste abound in the creations of Ramon Oriol, whose philosophy was perfectly caught by Pepe Cortés in his 1975 design for these premises. Jewellery and other objects,

such as coffee pots, ashtrays, cigarette cases and so on, in silver.

J. Roca
Pg. de Gràcia, 18. Tel. 93 3183266

En 1933 Josep Lluís Sert escandalizó con esta obra racionalista a las mentes reaccionarias de la época. ¿Cómo podía entenderse un diseño tan revolucionario para una casa de tan sólida tradición como la Joyería Roca? Actualmente Roca realiza ediciones limitadísimas de joyas exclusivas de creación propia, con especial interés en el trabajo de las piedras preciosas.
Josep Lluís Sert created a scandal in 1933 amongst the narrow-minded reactionaries of the time with this rationalist piece of work. What was the meaning of such a revolutionary design for a family firm with such a solid tradition as Joyería Roca? Nowadays Roca produce limited editions of their own exclusive jewellery designs, with particular emphasis on work with precious stones.

LIBRERÍAS
BOOKSHOPS

Altaïr
Gran Via de les Corts Catalanes, 616.
Tel. 93 4542966

Encontrarás todo lo necesario para tu viaje soñado. Poseen tanta información que, además de libros, guías y cartografía, te recomendarán amablemente rutas interesantes (en numerosas ocasiones ya realizadas por ellos mismos).
Here you will find everything you need to know to organize that dreamed-of journey. They possess such a wealth of information that, in addition to providing books, guides and maps, they very helpfully recommend interesting itineraries (often routes they have tested in person).

Áncora y Delfín
Diagonal, 564. Tel. 93 2000746

No es exactamente una librería especializada, pero a lo largo de sus 30 años de existencia ha sabido ganarse a una clientela incondicional que encuentra aquí un importante catálogo en arte, arquitectura, diseño y fotografía, con publicaciones nacionales y de importación. El pintor alemán Erwin Bechtold creó con una estética años 50 ese clima de aislamiento y de intemporalidad propio de una biblioteca y tan característico ya de Áncora y Delfín. Cuenta además con una cuidadísima selección de novela.

This isn't exactly a specialist bookshop, but over its thirty years of existence it has managed to earn itself a devoted clientele who come here for the extensive catalogue of books on art, architecture, design and photography from publishers in Spain and abroad. The shop also has a carefully selected stock of fiction. The 50s aesthetic's isolated, timeless atmosphere so characteristic of Ancora & Delfín was created by the German painter Erwin Bechtold.

Collector
Pau Claris, 168. Tel. 93 2158115

Todo en diseño, arquitectura, arte y publicidad. Publicaciones nacionales y extranjeras. Personal especializado muy atento.

All you could ask for in design, architecture, art and advertising. Spanish and imported titles and a knowledgeable and attentive staff.

Cooperativa del Col·legi Oficial d'Arquitectes de Barcelona
Pl. Nova, 5. Tel. 93 3183561

El colegio cuenta con la prácticamente única librería especializada en temas de arquitectura de la ciudad. Dispone también de programas informáticos para arquitectos.

The Col·legi (professional association) runs what is virtually the only bookshop specializing in architecture in the city. They also sell office material, CAD programmes, accessories and so on.

La Central
Mallorca, 237. Tel. 93 4875018

Punto de referencia obligado para literatura, filosofía, antropología y ciencias humanas en general. Es además escenario de numerosas presentaciones de novedades editoriales en que se dan cita grandes figuras del panorama literario.

An essential point of reference for literature, philosophy, anthropology and the human sciences in general. It is also frequently the venue for literary launches and author presentations, featuring some of the leading names on the literary landscape.

Crisol
Consell de Cent, 341.
Tel. 93 2153121
Rbla. Catalunya, 81. Tel. 93 2152720

La que a finales de los 80 aspirara a ser "la tienda de la cultura y el ocio", es hoy una especie de drugstore de estética *high-tech* algo descolorida, con las clásicas secciones de discos, imagen y sonido, regalos, librería y un importante y útil quiosco, que abre también el domingo. Horario: 10 a 22. Interiorismo: Joan Bigas.
En Rambla Catalunya, en un local de diseño más comedido, libros de importación, diseño, arte y literatura infantil. Abre toda la semana de 7 de la mañana a 1 de la madrugada.

What aspired in the late 80s to being "the culture and leisure shop" has become a kind of drugstore with a slightly faded high-tech style, with sections devoted to tapes and CDs, photographic and audio-visual equipment, gifts, books and a very useful kiosk for newspapers and magazines which is also open on Sundays. Opening hours are 10 am to 10 pm. Interior design: Joan Bigas. The Rambla Catalunya shop, more restrained in its decor, has imported books and sections on design, art and children's literature. Open all week from 7 in the morning until 1 am.

Fnac
L'Illa-Diagonal, 557. Tel. 93 4445900
El Triangle-Pl. Catalunya, 4.
Tel. 93 3441800

Ineludible macrotienda perteneciente a una multinacional francesa. Ocupa 3.500 m^2 del centro comercial l'Illa destinados a albergar holgadamente más de 150.000 libros y 180.000 discos y vídeos. Cuenta además con una sección dedicada a la electrónica, quiosco, cafetería y una sala de exposiciones. Su último establecimiento lo ha abierto en el centro comercial El Triangle, donde ha duplicado la superficie del anterior.

This unavoidable macrostore belonging to a French multinational occupies some 3,500 m^2 of the Illa shopping complex, which comfortably accommodate more than 150,000 books and

180,000 discs and tapes. There is also an electronic equipment section, a café and a space for exhibitions. They have recently opened new premises in the El Triangle shopping centre, with twice as much floor area as the previous shop.

Happy Books
Pelai, 20. Tel. 93 3170768
Pg. de Gràcia, 77. Tel. 93 4872774
Provença, 286. Tel. 93 4873001

Librería abierta a la calle donde a menudo pueden encontrarse títulos interesantes para el bibliófilo y ofertas de actualidad a precios asequibles. Frecuentado por políticos, artistas y periodistas. El local de la calle Provença merece una visita a su envidiable patio interior dotado de un salón de té. Interiorismo: Norman Cinnamond.

In these bookshops with their open street frontage you are likely to find remaindered titles to interest the bibliophile as well as current editions at affordable prices. Frequented by politicians, artists and journalists. The shop on Provença, with its enviable courtyard and tearoom, is worth a visit. Interior design: Norman Cinnamond.

Kowasa
Mallorca, 235. Tel. 93 2158058

Librería especializada en fotografía, ampliada y reabierta en 1996. La articulación del espacio en pequeños ambientes y el clima de intimidad incitan a pasar un buen rato estudiando la inmensa cantidad de títulos —un total de 7.000— que abordan el arte fotográfico desde muy diversas perspectivas. Incluye también una selección de revistas extranjeras y nacionales. Buena atención al cliente. Proyecto: Font Baix.

This specialist photography bookshop was extended and reopened in 1996. The layout of the interior, in small sections, and the intimate atmosphere encourage leisurely browsing through the immense number of titles —some 7,000 in total— which cover the subject of photography from a wide variety of angles. They also stock a good selection of Spanish and foreign photography magazines. Very helpful staff. Project: Font Baix.

Laie
Pau Claris, 85. Tel. 93 3181739
Olot s/n (Parc Güell)

La incorporación de un café con terraza a la librería simboliza de algún modo la voluntad de recuperar un tipo de calidad de vida casi en desuso, fomentando la lectura en el desayuno, la comida o la merienda con la prensa diaria y libros para hojear al alcance del cliente. En la planta baja, la tienda, con especial interés en las secciones de arte, literatura, importación, filosofía, historia, antropología, cine y música. Interiorismo: Jordi Mirabell y Mariona Raventós (1989). Abierto de 10 a 20, café-restaurante de 8 a 22 (cenas concertadas). La librería del Park Güell —sin cafetería— está exclusivamente dedicada al modernismo, la arquitectura de Barcelona y, por supuesto, a Gaudí. Dispone además de objetos y joyas inspiradas en el modernismo, reproducciones, pósters y camisetas. La pequeña construcción gaudiniana que ocupa —patrimonio de Parcs i Jardins — ha sido rehabilitada por Mª Luisa Aguado.

In response to the current proliferation of multi-space bookshops, Laie offers a new approach to leisure. The inclusion on the premises of a café with a terrace is in a sense symbolic of a desire to restore a quality of life which has all but disappeared; the customer is encouraged to browse over breakfast, lunch or afternoon tea, with books and daily newspapers within easy reach. The bookshop itself is on the ground floor, and their list of works on art, literature, philosophy, history, anthropology, cinema and music —from within Spain and without— is of particular interest. Interior design by Jordi Mirabell and Mariona Raventós (1989). The bookshop is open from 10 am until 8 pm, the café-restaurant from 8 am until 10 pm (dinner bookings by arrangement). The shop in the Park Güell —which doesn't have a café— is devoted exclusively to Modernisme, Barcelona architecture and, of course, Gaudí. As well as books it has decorative objects and jewelry in the *Modernista* style, prints, posters and T-shirts. The conversion of the little Gaudí gatehouse it occupies –property of the City Council's Parks & Gardens department– was carried out by Mª Luisa Aguado.

Llibreria del Raval
Elisabets, 6. Tel. 93 3170293

La Llibreria del Raval (1995), muy cercana al MACBA, aprovecha el encanto de una pequeña iglesia del siglo XVII para crear un ambiente único. A pesar de una iluminación algo deficiente, combina con atino la antigüedad austera del edificio con las modernas estructuras metálicas que sostienen los libros y que se superponen en pasarelas hasta el coro. Especializada en ciencias humanas, hay que destacar una generosa selección de poesía en catalán y castellano.

The Llibreria del Raval (1995), not far from the MACBA, has taken advantage of the charm of a little 17th-century church to create a unique atmosphere. In spite of the less than brilliant lighting it skilfully combines the austere antiquity of the converted church with the modern metal structures on which the books are laid out and which succeed one another right up to the choir.

Specializing in the humanities and the social sciences, the shop has a very generous selection of poetry in Catalan and Castilian.

MERCADOS
MARKETS

La Boqueria
Rambla, 110 (Mercat de Sant Josep).

Gastrónomos exigentes, chefs de verdad, señoras "Marías" y demás adictos acuden desde todos los puntos de la ciudad a este maravilloso mercado de comestibles situado en la Rambla. Las paradas parecen competir entre sí en vistosidad, los vendedores en simpatía y sus delantales en blancura. Cada día el pescado, la carne, la fruta, las verduras, las legumbres, etc., convierten en un espectáculo este mercado construido entre 1840 y 1870. A primeras horas de la mañana fotógrafos, diseñadores y noc-

támbulos privilegiados se dejan caer en el bar Pinocho para desayunar alguno de sus platillos o las ensaimadas a la plancha de sobrada fama. Cerrado domingos.

The fussiest gourmands, working chefs, good housewives and other addicts come from all over the city to this marvellous food market right by the Rambla. There seems to be great competition between stalls as to the attractiveness of their displays, and between vendors as to their friendliness and the whiteness of their aprons. The arrival of the fresh fish, meat, fruit and vegetables each day turns this market, built between 1840 and 1870, into a spectacle in its own right. Photographers, designers and nightowls of all kinds drop by the Bar Pinocho around daybreak to breakfast on one of their *tapas* or their famous grilled *ensaimadas*. Closed Sunday.

Los Encantes
Pl. de les Glòries.

Es el *marché aux puces* de Barcelona. Aquí se pueden encontrar todo tipo de objetos antiguos, aunque a menudo son simplemente viejos: vestidos de los años 40, neveras de tercera mano, herramientas para bricolaje, ojos de muñecas, muebles, abrigos pop... ¡No pierdas de vista el bolso! Abierto lunes, miércoles y sábados de 8 a 17.

This is Barcelona's flea market. Here you can find antiques and ageing bric-a-brac of all kinds: 40s dresses, thirdhand fridges, do-it-yourself tools, doll's eyes, pop raincoats... Keep an eye on your purse or wallet! Open Monday, Wednesday and Saturday from 8 am until 5 pm.

Sant Antoni
Comte d'Urgell/Tamarit/
Comte Borrell/Manso.

Este singular mercado de comestibles construido entre 1876 y 1882 se convierte el domingo en santuario de coleccionistas de libros descatalogados, cómics, revistas, cromos, fotos, sellos, carteles de cine y hasta partituras. Domingos de 10 a 14.

This architecturally interesting market for foodstufs, built between 1875 and 1882, is converted every Sunday into a paradise for collectors of printed paper –out-of-print books, comics, magazines, transfers, photos, stamps, cinema posters and even sheet music. Every Sunday from 10 am until 2 pm.

MODA
FASHION

Adolfo Domínguez
Pg. de Gràcia, 89. Tel. 93 2151339
Pg. de Gràcia, 32. Tel. 93 4874170
Diagonal, 490. Tel. 93 4161192
Pau Casals, 5. Tel. 93 4141177

Este gallego, uno de los diseñadores españoles más impulsados internacionalmente, revolucionó en los 80 los hábitos en el vestir del hombre.
Hoy convertido en multinacional, Adolfo Domínguez sigue fiel a sus principios, dando siempre vital importancia a la calidad de la materia. Las tiendas, proyectadas por el propio diseñador, respiran un aire de atemporalidad y placidez que invita a un largo y detenido estudio de sus colecciones para hombre y mujer.
In the 80s this Galician, one of Spain's most internationally successful fashion designers, revolutionised the way men dress. Now a multinational company, Adolfo Domínguez has remained faithful to his principles, always placing vital importance on the quality of the materials. The shops, designed by Domínguez himself, have a timeless air of tranquility that encourages an unhurried investigation of the collections of clothes for men and women.

Antonio Miró
Consell de Cent, 349.
Tel. 93 4870670

Moda hombre y mujer creada bajo el inconfundible sello de Antonio Miró, fruto de la más pura tradición textil de Cataluña. La utilización de fibras naturales de gran calidad y la maestría con que trabaja el punto son dos de sus grandes bazas. También accesorios como carteras, agendas de piel y zapatos de Dorotea en esta tienda, espacio a la vez sobrio y sensual, diseñada en 1995 por Pilar Líbano.
Men's and women's fashion with the unmistakable stamp of Antonio Miró, the product of the finest Catalan textile tradition. The use of the very best natural fibres and the superb quality of the weaving are two of the label's trump cards. You will also find accessories such as wallets, leather-bound diaries and shoes by Dorotea in this sober yet sensual shop, designed by Pilar Líbano in 1995.

Antonio Pernas
Consell de Cent, 314. Tel. 93 4873372

El desembarco del gallego Pernas en Barcelona fue en 1998, con una tienda que desde sus inicios quiso aproximarse a la modernidad y sensibilidad arquitectónica de la ciudad. El arquitecto encargado de llevarlo a cabo, Iago Seara, ha creado un espacio de líneas puras, gran armonía y acabados impecables, que realza verdaderamente cada pieza de indumentaria.
The Galician Pernas made his début in Barcelona in 1998, with a shop which from its first beginnings has prided itself on reflecting the modernity and architectural sensibility of the city. The architect entrusted with the design brief, Iago Seara, has created a space of pure lines, superb harmony and impeccable finishes, that really highlights each item of clothing.

Armand Basi
Pg. de Gràcia, 49. Tel. 93 2151421

Un interior de paredes blancas y estanterías negras sirve de marco a las colecciones creadas por el diseñador Lluís Juste de Nin, destinadas a un público joven y moderno.
An interior of white walls and black shelves provides the framework for the collections created by the designer Lluís Juste de Nin, aimed at a young, modern clientele.

Blanco
Diagonal, 572. Tel. 93 2001529

Moda divertida para chica, muy de temporada y a precios súper asequibles. Interiorismo con una estética muy de los 70.
Fun fashion for young women, very seasonal and at very affordable prices. Interiors with a very 70s aesthetic.

David Valls
València, 235. Tel. 93 4871285

Un espacio entre místico y terrenal, de expresión breve pero suficiente, diseñado en 1994 por Pere Puig muy a la medida de las creaciones para hombre y mujer de David Valls.
Este diseñador extiende su labor creativa a la experimentación e innovación en el proceso textil, creando combinaciones insólitas de lanas y sedas, tela y punto.

A space somewhere between mystical and worldly, understated yet effective in its expression, designed in 1994 by Pere Puig very much in the spirit of the men's and women's clothes created by David Valls, a designer who extends his talents to experimentation and innovation in the textile production processes themselves, creating unexpected blends of wools and silks, weaves and knits.

E4G
Via Augusta, 10.
Tel. 93 2187679
Tenor Viñas, 7. Tel. 93 2090822
Pedralbes Centre-Diagonal, 609-615.
Tel. 93 4190082

Moda para chicos y chicas bien. Calvin Klein, Donna Karan, Armani Jeans y Ralph Lauren son marcas obligadas en el uniforme de las nuevas generaciones adineradas. El diseño interior, bien estudiado, es obra de Jordi Galí (1988).
Fashion for smart boys and girls. Calvin Klein, Donna Karan, Armani Jeans and Ralph Lauren are the de *rigeur* labels on the uniforms of the well-to-do younger generation. The carefully thought out interior design is the work of Jordi Galí (1988).

Furest
Pg. de Gràcia, 12-14.
Tel. 93 3012000
Diagonal, 468. Tel. 93 4160665
Pedralbes Centre-Diagonal, 609-615.
Tel. 93 4194006
Av. Pau Casals, 3. Tel. 93 2012599

La tienda para la alta burguesía de Barcelona por excelencia, con una tradición que ha pasado de generación en generación. El secreto de su éxito está en su constancia en la calidad y en una línea clásica y deportiva adecuada para todas las edades. Moda de hombre firmada por Ermenegildo Zegna, Miguel Ibars, Polo Ralph Lauren, Calvin Klein y Armani se añaden a su propio taller de sastrería. El interiorismo de sus tiendas es reflejo del inconfundible estilo del equipo Correa-Milá. Sin embargo, los dos últimos locales —en Pedralbes Centre y en Rambla Catalunya— fueron diseñados por Alfred Arribas en 1988 y en 1992, respectivamente, en un intento de abrirse a tendencias más actuales.
The outfitters *par excellence* to the Barcelona upper middle class, with a tradition passed on from generation to generation. The secret of their success lies in invariably high quality and a line of classic and casual clothes suited to all ages. Menswear by Ermenegildo Zegna, Miguel Ibars, Polo Ralph Lauren, Calvin Klein and Armani, in addition to their own tailoring. The interior design of their shops reflects the unmistakable style of the Correa-Milá partnership. However, the two newest shops —in the Pedralbes Centre and the Rambla Catalunya— were designed by Alfred Arribas in 1988 and 1992 respectively, in a move to open up to more contemporary currents.

Gonzalo Comella
Via Augusta, 2. Tel. 93 4161516
Diagonal, 478. Tel. 93 4161516
Pg. de Gràcia, 6. Tel. 93 4126600
Capitán Arenas, 3-5. Tel. 93 2806525

Gran empresa familiar que, desde hace más de 30 años, viste a la mitad de las familias bien barcelonesas. Ropa para todas las edades, tanto hombre como mujer, de calidad y que ha sabido renovarse con el paso del tiempo. Los últimos diseños de sus interiores son obra de Jordi Galí, un experto en este tipo de boutiques.
This grand family business has been dressing half of Barcelona's "better" families for more 30 years. Selling fine quality. Selling fine quality clothes for all ages and both sexes, they have consistently moved with the times. The most recent interior designs are by Jordi Galí, an expert in boutiques such as this.

Groc
Rbla. Catalunya, 100 bis.
Tel. 932 150 180
Muntaner, 385. Tel. 93 2023070

Antonio Miró, uno de los más prestigiosos diseñadores catalanes, inició hace casi 30 años su andadura en el mundo de la moda desde esta tienda, propiedad de la familia Miró. Ropa de hombre y mujer, complementos como las famosas joyas de Chelo Sastre y los zapatos creados por Dorotea además de sastrería. El interiorismo de la tienda de Rambla Catalunya (1970) así como la remodelación de la fachada (1984) son de Oscar Tusquets. El local de Muntaner está inspirado en el Hotel Tokio de Frank Lloyd Wright y es obra de Pilar Líbano (1989).

Antonio Miró, one of the most prestigious Catalan designers, launched his career in fashion from this shop, owned by the Miró family, almost 30 years ago. Men's and women's clothing, accessories such as Chelo Sastre's jewellery and shoes by Dorotea, as well as tailoring. The interior design of the Rambla Catalunya shop (1970), as well as the remodelling of the facade (1984), are by Oscar Tusquets. The Muntaner shop, inspired by Frank Lloyd Wright's Tokyo Hotel, is the work of Pilar Líbano (1989).

Indumentària
Avinyó, 18. Tel. 93 3010006

Beth Galí creó a partir de un espacio pequeño y de forma irregular un local amplio, luminoso y racionalmente aprovechado. Abierta desde 1995, Indumentària ofrece una buena selección del diseño catalán más sobrio: Antonio Miró, Josep Font, David Valls y Montserrat Gimeno, entre otros.

Beth Galí transformed what was a small, irregular interior into a spacious, luminous and rationally utilized boutique. Open since 1995, Indumentària offers a good selection of the more sober Catalan design: Antonio Miró, Josep Font, David Valls and Montserrat Gimeno, amongst others.

Jean Pierre Bua
Diagonal, 469. Tel. 93 4397100

Lo más moderno de la ciudad tiene cita obligada cada temporada en este local sorprendente creado en 1984 por Eduard Samsó. Espacio sugerente de dos niveles para ropa atrevida con el estilo inconfundible de los mejores creadores nacionales y extranjeros como Victorio & Lucchino, Vivienne Westwood, Jean Paul Gaultier o Comme des Garçons. Para un público

unisex que no se amedrenta ante las últimas tendencias.

Barcelona's most modern citizens have an important date each season in this remarkable shop, created by Eduard Samsó in 1984. An evocative split-level space presents radical clothes in the unmistakable styles of the best Spanish and international designers such as Victorio & Lucchino, Vivienne Westwood, Jean-Paul Gaultier or Comme des Garçons. For clients of both sexes who aren't shocked by the latest tendencies.

Loewe
Johann Sebastian Bach, 8.
Tel. 93 2023150
Diagonal, 570. Tel. 93 2000920
Pg. de Gràcia, 35. Tel. 93 2160400

Marca de tradición centenaria, especialista en piel y marroquinería, con moda y complementos de alta calidad para hombre y mujer. Es destacable la labor de Oscar Tusquets y Carles Bassó de recuperación de la fachada de la casa Lleó Morera en el Passeig de Gràcia, representativa del modernismo catalán, y la remodelación interior en 1989 de Gustavo Torner.

A name with a century of tradition behind it, specializing in leather, skins and morocco ware, with high quality fashion clothing and accessories for men and women. Of particular note are Oscar Tusquets' and Carles Bassó's restoration of the facade of the Casa Lleó Morera on the Passeig de Gràcia, a fine example of Catalan *Modernisme*, and the refurbishment of the interior by Gustavo Torner in 1989.

Lydia Delgado
Minerva, 21. Tel. 93 4159998

La personalidad de Lydia Delgado se refleja tanto en sus colecciones para mujer como en esta encantadora tienda-taller de alta costura escondida entre Diagonal y Via Augusta. Vestidos y trajes chaqueta que enamorarían a Audrey Hepburn son la especialidad de esta diseñadora cuyas prendas sólo son aptas para delgadas. La tienda ha sido decorada con sobria delicadeza y un bien dosificado toque de clasicismo por ella misma junto con Pilar Líbano.

Lydia Delgado's personality is reflected both in her collections of women's wear and in this enchanting shop-cum-*couture* workshop between the Dia-

gonal and Via Augusta. Dresses and jacket suits that would have delighted Audrey Hepburn are the speciality of this designer, whose clothes are only for the svelte. The shop is decorated with sober delicacy and just the right amount of classicism by Pilar Líbano and Lydia Delgado herself.

Mango
Pg. de Gràcia, 65. Tel. 93 2157530
Portal de l'Àngel, 7. Tel. 93 3176985
Pelai, 48. Tel. 93 3174483
y centros comerciales

Cadena de tiendas de ropa joven con una buena relación calidad-precio. Tomando las últimas tendencias como referencia, Mango se decanta con éxito por una línea de simplicidad y elegancia en sus colecciones de ropa y complementos. Las tiendas, en consonancia con el producto, son de una plácida modernidad que no agrede.

A chain of shops selling good-value clothes for the young. Taking the latest trends as a starting point, Mango opts with great success for a simple, elegant line in both clothes and accessories. The shops themselves, in harmony with their wares, have a tranquil modernity that is easy on the eye.

Noténom
Pau Claris, 159. Tel. 93 4876084

Tienda de moda hombre/mujer inaugurada en 1997 y regentada por dos jóvenes diseñadores autosuficientes.
Entre ambos se reparten la autoría de su interiorismo y gran parte de la moda joven que se expone con sobrada holgura en este espacioso local de dos plantas sin apenas concesiones ornamentales. Comme des garçons, Bluemarine y Exte son marcas que también pueden encontrarse aquí.

This men's and women's fashion shop, which opened in 1997, is run by two self-sufficient designers, who are jointly responsible for the interior decor and for much of the youthful fashion displayed with such easy grace in this spacious, almost bare two-floor shop, which also stocks clothes by Comme des Garçons, Bluemarine and Exte.

On Land
València, 273. Tel. 93 2155625

En 1996 el matrimonio de diseñadores y propietarios del local rehabilitaron una típica tienda del Ensanche respetando su estructura básica. Aunque dista mucho de ser cibernética, la ropa que ofrece On Land va dirigida a gente con ganas de vestir distinto. Apuestan por diseños propios y de otros diseñadores jóvenes y, a pesar de la exclusividad de los modelos, los precios son más que asequibles.

In 1996 the husband and wife team of designers behind On Land refurbished a typical *Eixample* shop, respecting the original structure. Although a long way from being cybernetic, the clothes on sale in On Land are directed at people who like to dress differently. With clothes by the owners and several other young designers, the prices are extremely affordable for such exclusive fashion wear.

Roser-Francesc
València, 285. Tel. 93 4591453

Esta tienda inaugurada en 1994 combina el clasicismo propio de los comercios del Ensanche con una dosis acertada de sofisticación y *glamour*. Además de los diseños propios, ofrecen prendas de Miró, Valls y colecciones italianas exclusivas.

This shop opened in 1994 combines the classic look of premises in the *Eixample* with just the right amount of sophistication and glamour. As well as their own designs they stock clothes by Miró, Valls and a number of exclusive Italian collections.

Zara
Pelai, 58. Tel. 93 3010978
Av. Portal de l'Àngel, 24.
Tel. 93 3176586
L'Illa Diagonal, 545. Tel. 93 4142946
y varias más

Esta cadena de tiendas que viste a toda la familia, ha revolucionado el mercado y ha creado adicción incluso entre los más escépticos. Como por arte de magia Zara presenta cada temporada ropa inspirada en las más prestigiosas y actuales colecciones permitiendo a un público de amplio espectro vestir a lo Armani o Calvin Klein a precios regalados. Dignos de mención son los escaparates –tras los que se adivina una importante labor de márketing– que alimentan la ilusión de exclusividad y calidad.

This chain of clothes shops for the whole family has revolutionized the

market and won the hearts of even the most sceptical. As if by magic, Zara presents each season clothes inspired by the most prestigious collections of the moment, offering a very broad spectrum of clients an Armani or a Calvin Klein look at giveaway prices. Also worth a mention is the window dressing, which fosters the illusion of exclusiveness and quality thanks to a considerable marketing effort.

ZAPATOS Y COMPLEMENTOS
SHOES AND ACCESSORIES

Álvarez
Marià Cubí, 3. Tel. 93 2188526

Una de las tiendas de calzado de señora con más solera de la ciudad. Puedes encontrar zapatos para todas las edades, gustos y ocasiones: para los pies delicados de la abuelita, para la chica más destrozona, para aquella fiesta tan especial, para la mamá práctica, o para ti, que nunca encuentras modelos de tu número que te gusten. Si calzas de un 34 a un 42, en Álvarez lo encontrarás.

One of the most spacious ladies' shoe shops in the city. You will find shoes here for all ages, tastes and occasions: for the delicate feet of a little old lady, for the girl who's really hard on her shoes, for that special party, for the practical mother and housewife, or for you, who can never find a style you like in your size. If you take a 34 to a 42, you'll find it in Álvarez.

Camper
Muntaner, 248. Tel. 93 2013188
València, 249. Tel. 93 2156390
Av. Pau Casals, 5. Tel. 93 2095846
Rbla. Catalunya, 122. Tel. 93 2172384
Pedralbes Centre. Tel. 93 4191160
Les Glòries. Tel. 93 4860450

Camper lanzó hace más de 15 años su característica línea de calzado para urbanitas de ambos sexos, siempre al límite entre la rebeldía y la comercialidad. Desde entonces, cuando la Barcelona del diseño aún bostezaba, ha sabido distinguirse por la buena comunión entre producto, imagen (Oscar Mariné) e interiorismo (Jordi Fernández y Oleguer Armengol). Sus carteles, escaparates y tiendas suponen siempre un estímulo irresistible.

It is more than 15 years now since Camper launched their characteristic range of shoes for urbanites of both sexes, always treading a fine line between the rebellious and the commercial. Since those far-off days when "designer" Barcelona was still stretching and yawning, Camper have successfully distinguished themselves by the close harmony between product, image (Oscar Mariné) and interior decor (Jordi Fernández and Oleguer Armengol). Their posters, window dressing and shops never fail to provide an irresistible stimulus.

Cristina Castañer
Mestre Nicolau, 23. Tel. 93 4142428

Cristina Castañer, que proviene de una familia de larga y reconocida tradición alpargatera, ha sabido conciliar el clásico calzado de esparto con las exigencias de la moda, creando una línea muy lograda de zapatos para mujer. Sus "alpargatas" son cómodas y actuales, visten y son informales al mismo tiempo.

Cristina Castañer, whose family has a long and highly regarded tradition in the espadrille business, has skilfully adapted the classic fibre-soled shoe to the demands of fashion, creating a very attractive line in footwear for women. Her *alpargatas* are comfortable and contemporary, "dressy" and informal at the same time.

Farrutx
Rosselló, 218. Tel. 93 2150685

Maravillosa tienda de zapatos para mujer, diseñada en 1984 y remodelada en 1993 por Joan Pol y Joan Verger, que acoge marcas nacionales de calidad como Farrutx y Gorg Blau. Una arquitectura sobria a base de plataformas expositoras y una gama neutra y luminosa hacen de éste el escenario adecuado para unas creaciones entre vanguardistas y clásicas, siempre arrebatadoras.

This wonderful shop, full of shoes for women, was designed in 1984 and remodelled in 1993 by Joan Pol and Joan Verger, and offers top quality Catalan labels such as Farrutx and Gorg Blau. The sober architecture of the display platforms and the neutral yet luminous decor make this a very worthy setting for shoes that may be somewhere between the avant-garde and the classic but are always captivating.

Gala
Via Augusta, 29-31. Tel. 93 2178552
Muntaner, 323. Tel. 93 2092189
Pedralbes Centre-Diagonal, 609-615.
Tel. 93 4195051
Bulevard Rosa-Pg. de Gràcia.
Tel. 93 2150161
Bulevard Rosa-Diagonal.
Tel. 93 4161087

Una de las tiendas más famosas, y con mejores marcas, nacionales y de importación, de bolsos y maletas de Barcelona. Si buscas un bolso deportivo, o serio, o uno muy caprichoso, en Gala lo encontrarás.

One of the most famous outlets in Barcelona for the best in Spanish and imported purses, bags and cases. Whether you're looking for something sporty, or serious, or fanciful, you'll find it in Gala.

La Manual Alpargatera
Avinyó, 7. Tel. 93 3010172

Desde principios de siglo, este taller fabrica las mejores alpargatas de Barcelona. Aquí se hacen a la vista y al gusto del cliente, quien puede escoger de entre una ilimitada oferta de modelos, colores y cualquier excentricidad que se le ocurra para añadir al típico calzado catalán.

Since the early years of the century, this workshop-shop has been producing the finest espadrilles in Barcelona, as you watch and to your own specifications, with a huge variety of styles and colours and whatever little eccentricity you might wish to add to this typically Catalan footwear.

Muxart
Rosselló, 230. Tel. 93 4881064

Zapatos y complementos de calidad para hombre y mujer que destilan un moderno clasicismo muy Muxart. Interesante el calzado infantil que se aparta de la línea habitual para los más pequeños.

Quality shoes and accessories for men and women with a classic modern style that is very "Muxart". The range of children's shoes is an interesting departure from the habitual kids' styles.

Tascón
Diagonal, 462. Tel. 93 4155616
Rbla. Catalunya, 42. Tel. 93 4874447
Pg. de Gràcia, 64. Tel. 93 4879084
Bulevard Rosa-Pg. de Gràcia.
Tel. 93 2157431
Pedralbes Centre. Tel. 93 4192000

Zapatos para hombre y mujer con diseños actuales de buenas marcas nacionales (Camper, Lotusse, Pons Quintana...) e internacionales (Timberland, A. Pollini, Cole-Haan, Rossetti...).
Las tiendas, estratégicamente situadas y presentes en varios centros comerciales, son de un diseño eficaz y claro que colabora con el público en la búsqueda del modelo adecuado. Autor: Pepe Cortés desde 1989. Imagen gráfica: Pati Núñez.

Shoes for men and women, with the current designs from leading Spanish (Camper, Lotusse, Pons Quintana...) and international (Timberland, A. Pollini, Cole-Haan, Rossetti...) labels.
The shops, strategically situated and present in fashionable shopping malls, have a clear, effective interior decor which makes it easy to see the stock and find what you're looking for. Design: Pepe Cortés since 1989. Graphic image: Pati Núñez.

MÚSICA
MUSIC

Castelló
Nou de Rambla, 15. Tel. 93 3024236

Con más de 60 años de experiencia, Castelló es la n.° 1 en Barcelona. Entre la tienda de Nou de la Rambla y la del n.° 7 del carrer Tallers reúne el catálogo más amplio en pop-rock nacional e internacional, jazz, soul, música étnica, discos de importación, etc. Aunque cada vez es más difícil, aquí se consiguen ejemplares discográficos curiosos y poco accesibles. Los aficionados a la música clásica tienen que dirigirse a la calle Tallèrs, 3. Muy buena atención al cliente.

With more than 60 years of experience behind it, Castelló is Barcelona's no. 1. Between the shop in the Nou de la Rambla and the one in carrer Tallers, they offer the widest imaginable choice, ranging through Spanish and foreign pop, rock, jazz, soul, ethnic musics, imports and so on. Here you can still find rare and unusual records, although it's getting harder all the time. Lovers of classical music should investigate the shop at no. 3, carrer Tallers. Very good service.

Crisol
Consell de Cent, 341.
Ver sección *Librerías*.
See *Bookshops*.

Fnac
L'Illa-Diagonal, 557.
El Triangle-Pl. Catalunya, 4.
Ver sección *Librerías*.
See *Bookshops*.

Jazz Collectors
Pge. Forasté, 4. Tel. 93 2127478

Esta es, sin duda, la mejor dirección para los adictos al jazz clásico. Coleccionistas de toda España recurren a Jazz Collectors, uno de los establecimientos especializados más punteros de Europa. Su catálogo abarca desde el be-bop hasta el swing, pasando por el Big Bands, New Orleans, etc. También tienen discos inéditos y piezas de coleccionista de segunda mano que a veces alcanzan cifras astronómicas. Gracias a su contacto permanente con los mejores puntos de venta del mundo, puedes conseguir incluso aquello que dabas por imposible.

This, beyond all doubt, is the best place in Barcelona for addicts of classic jazz. Aficionados from all over Spain come to Jazz Collectors, one of the best specialist dealers in Europe. Their catalogue runs from be-bop to swing, by way of big bands, New Orleans, and so on. They also carry some never-released records and collectors items which sell secondhand for astronomical sums. Thanks to their permanent contacts with top record dealers all over the world, you can find here even things you thought were unobtainable.

Planet Music
Mallorca, 214. Tel. 93 4514288
Rambla Catalunya, 99. Tel. 93 2152129

Aquí el público no viene a pasearse sino a buscar el hallazgo entre su amplio catálogo de pop, rock, jazz, clásica, flamenco, etc., formado por más de 50.000 volúmenes. Cuenta además con una sección de revistas especializadas. 1.000 m^2 diseñados por un moderado Alfred Arribas.

The customers here come not to stroll around but to find some sought-after gem from the extensive catalogue of pop, rock, jazz, classical, flamenco, etc., comprising more than 50,000 records, cassettes and CDs. There is also a section devoted to music magazines. 1,000 m^2 designed with unusual moderation by Alfred Arribas.

PAPELERÍAS
STATIONERY AND ART SHOPS

Casa Piera
Cardenal Casanyes, 13.
Tel. 93 3016680
Galileo, 309. Tel. 93 4199226

De Casa Piera puede decirse casi lo mismo que de Vicente Piera, a quien une un vínculo familiar. Gran despliegue de productos para las bellas artes y el diseño y óptima atención al cliente en esta casa que ya ha celebrado su 50 aniversario.

Virtually the same things could be said about Casa Piera as about Vicente Piera, who belongs to the same family. You will find a great variety of products for Fine Art and Design, as well as extremely attentive service, in this establishment, which recently celebrated its fiftieth anniversary.

Comercial Bolsera
Xuclà, 15. Tel. 93 3171428

Lo inimaginable en paquetería y en artículos de uso efímero para fiestas, todo en papel y plástico. La tienda de siempre fue ampliada en 1996 con un espacio anexo decorado según los cánones actuales: ladrillo visto, mostradores y expositores de madera sin tratar, iluminación a la vez funcional y cálida.

Everything imaginable and more in wrapping and packaging materials and disposable paper and plastic tableware and party accessories. The old shop was extended in 1996, with the new section decorated to a contemporary aesthetic: exposed brick, unvarnished wood for display shelves and counters and lighting that is functional yet warm.

Cooperativa del Col·legi Oficial d'Arquitectes de Barcelona
Pl. Nova, 5. Tel. 93 3015000

La gran mayoría de arquitectos hacen aquí los pedidos de material para sus estudios. Descuentos a los abonados a la cooperativa y, curiosamente, a extranjeros.

The great majority of the city's architects order their drawing materials and office supplies here. The shop gives discounts to members of the architects' cooperative and, strangely enough, to foreigners.

Pepa Paper
París, 167. Tel. 93 4396148

Papel de cartas y sobres, tarjetas, agendas, cajas de todos los tamaños, colores y formas, manufacturas de papel para fiestas, lápices, plumas estilográficas, pero, sobre todo, papeles de regalo tan preciosos que dan ganas de regalar. La neutralidad de los tonos y la iluminación de este espacio favorecen la cualidad sensual del papel. Interiorismo de Marta Ventós y Ana Yglesias (1979).

Writing paper and envelopes, cards, diaries, boxes of all colours, shapes and sizes, party paperware, pencils, fountain pens, but, above all, gift wrapping paper so lovely it makes you want to give someone a present. The tonal neutrality of the shop's lighting and colour scheme bring out the sensual quality of the paper. Interior design by Marta Ventós and Ana Yglesias (1979).

Vicente Piera
Còrsega, 298. Tel. 93 2181448

Lo que no encuentre aquí posiblemente no exista en Barcelona. Piera lo tiene prácticamente todo para el diseño gráfico, las bellas artes y la ilustración. Los dependientes, buenos vendedores, tientan a la clientela con las ultimísimas novedades del mercado. Frecuentada por grafistas y artistas consagrados, contó en su día con clientes tan ilustres como Dalí y Picasso. Se recomienda acudir antes de las 10 horas, por la mañana y antes de las 17 horas, por la tarde, para evitar aglomeraciones.

If you can't find it here, it probably can't be found in Barcelona. Piera has just about everything for graphic design, fine art and drawing. The shop assistants —good salespeople— tempt the customer with all that's latest on the market. Frequented by the most highly-acclaimed artists and designers, the shop has had customers as ilustrious as Dalí and Picasso, in their day. It's advisable to get there before ten in the morning and before five in the afternoon if you want to miss the crowds.

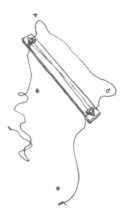

Raima
Comtal, 27. Tel. 93 3174966

En esta calle peatonal próxima al Portal de l'Àngel se encuentra el curioso edificio neogótico que alberga Raima, una de las papelerías más jóvenes y completas de la ciudad. A parte de los inevitables objetos de regalo, es posible escoger entre tres mil tipos distintos de papel y disponer de un buen servicio de encuadernación.

In this pedestrian street off the Portal de l'Àngel, a curious neo-Gothic building houses Raima, one of the city's most recent and most comprehensively stocked stationer's shops. In addition to the inevitable gift articles, you will find here three thousand different types of paper, and a very good document binding service.

Tarlatana
Comtessa de Sobradiel, 2.
Tel. 93 3103623

Una bonita tienda-taller situada en Ciutat Vella detrás del ayuntamiento. Carpetas, agendas, álbumes de fotos y papeles de aguas decorados a mano. También se realizan encuadernaciones en la misma tienda, a la vista del público.

An attractive shop-cum-workshop in the Old City, behind the City Hall. Folders, diaries, photograph albums and hand-decorated and watermarked papers. They also do their own binding on the premises, in full view of the public.

PELUQUERÍAS Y SALONES DE BELLEZA
HAIRDRESSERS AND BEAUTY SALONS

Cebado
Bori i Fontestà, 3. Tel. 93 2094615

Un clásico de la peluquería barcelonesa, con más de una docena de salones repartidos por la ciudad. Éste, situado en la zona alta frente al Turó Parc, ha puesto al día su interiorismo utilizando un lenguaje moderno que no entra en conflicto con la naturaleza conservadora de su clientela. Autor: Josep Farrux (1996).

One of Barcelona's classic hairdressers', with more than a dozen salons in different parts of the city. This one, in the uptown Turó Parc district, has updated its interior with a modern language that is perfectly compatible with the rather conservative tastes of the clientele. Design: Josep Farrutx (1996).

La Pelu
Argenteria, 70-72. Tel. 93 3104807
Tallers, 35. Tel. 93 3019773

Peluquería con vocación democrática que en verano incluso se abre a la calle prescindiendo de sus puertas. La calidez y naturalidad con que están decorados ambos locales pone de relieve esta voluntad de sintonía con el público variopinto que los frecuenta. Especialistas en las tendencias actualizadas de los años 50 y 60 y en los peinados afro y rasta, de los que fueron pioneros en Barcelona.

A hairdresser's with a democratic spirit: in summer they even take away the front and open up to the street. The warm, natural feel of the decor in both salons clearly reflects the desire to harmonize with their highly varied clientele. Specialists in updated versions of 50s and 60s looks, as well as the Afro and Rasta styles they were the first to offer in Barcelona.

Llongueras
Av. Pau Casals, 12. Tel. 93 2002117

Uno de los 40 salones del más internacional de nuestros peluqueros. Mujeres de clase alta y VIPs acuden a él en busca de uno de sus cerca de 100 peinados "intemporales" o de las nuevas sensaciones de cada temporada. Abierto de lunes a sábado de 9 a 18.

This is one of 40 salons run by the most international of Barcelona's —and Spain's— hairstylists, with a clientele of VIPs and women from the upper classes, who come here in search of one of their one hundred "timeless" styles or one of the season's new sensations. Open from 9 am to 6 pm, Monday to Saturday.

Marcel
Bulevard Rosa-Diagonal, 474.
Tel. 93 4157623

Interiorismo duro y futurista en la línea de los locales nocturnos diseñados por su autor, Eduard Samsó (1988): formas curvadas, paredes y columnas de chapa metálica remachada, revestimientos a base de fragmentos de cerámica blanca a lo Gaudí, austeridad en el mobiliario. De visión aconsejada, sobre todo por el invento de los espejos-mostradores móviles. Peluquería unisex que sigue las últimas tendencias, pero que también sabe escuchar al cliente.

The interior design (1988) is hard and futuristic, in the same line as the bars and clubs by its creator Eduard Samsó: curving forms, rivetted metal plating on walls and columns, finishes based on fragments of white ceramic as in several Gaudí schemes, austerity in the furishings. A visit is strongly recomended, especially to see the mobile mirrors-cum-counters. A unisex hairdresser's which follows the latest trends, but also listens to the client.

New Look
Muntaner, 442-446. Tel. 93 2095289
Pedralbes Centre-Diagonal, 609.
Tel. 93 4191574

Con un estilo propio a partir de las últimas tendencias, la base de su éxito está en saber encontrar el peinado y el corte adecuados a cada fisonomía y personalidad, tanto en mujer como en hombre. También solarium, sauna, hidroterapia, masaje y otros tratamientos específicos. Frecuentada por la clase media-alta, políticos, profesionales del cine y televisión y arquitectos famosos. Abierto de 9 a 19,30 sin interrupción. Decoración posmoderna algo trasnochada, aunque funcional e impecable.

The salon has a style of its own based on the latest tendencies. The secret of their success lies in finding just the right cut and styling for the physiognomy and personality of each of their clients, male and female. They also offer a solarium, a sauna, hydrotherapy, massage and other specific treatments to customers from the upper middle classes: politicians, film and TV people and well-known architects. Open from 9 am through to 7.30 pm without a break. Interior design by Javier Vilaseca Giralt (1983). Slightly *passé* —albeit immaculate and functional— postmodern decor.

Polo peló Galerías Gralla Hall
Portaferrissa, 25. Tel. 93 4123842
Pg. del Born, 14. Tel. 93 2681845

Colorido ácido y salvaje conjugación estilística en el salón (1993), muy a tono con su contexto, unas galerías de moda para techno-adictos en pleno corazón de Ciutat Vella.
La peluquería del Born (1998), envuelta de una apacible atmósfera de cotidianidad, rinde culto a los años 50 y 60 con una cuidada selección de objetos de uso originales del inicio de la era del consumismo. Peinados y cortes para los más osados: rellenos de melenas, *dreadlocks*, extensiones, etc. Trabajan materiales peculiares e importados de Londres. Cerrado el lunes por la mañana. Diseño: Pascal Frot.

Acid colours and a wild mix of styles in the Gralla Hall salon (1993), very much in tune with the setting, a fashion mall for techno addicts in the heart of the Ciutat Vella old town.
The salon in the Born (1998), with its tranquil, everyday atmosphere, pays homage to the 50s and 60s with a carefully chosen selection of objects from the early years of the consumer age. Cuts and styles for the most daring: hair sculpture, plaits, dreadlocks, Afro perms and hair extensions. They use the most unusual materials, many of them imported from London. Closed Monday mornings. Design: Pascal Frot.

Salva G
Avinyó, 12. Tel. 93 3026986
ADN Space. Portaferrissa, 16.
Tel. 93 4121444

El escaparate no pasa desapercibido en esta callejuela de Ciutat Vella cada vez más poblada de referencias interesantes. Una estética a todo color basada en el reciclaje, los años 70 y el hacer artesanal es lo que domina esta peluquería para todos los públicos (desde jóvenes con *piercing* hasta

señoras del ayuntamiento). Abierto de 10 a 20,30 (hay que pedir hora). Interiorismo: Salva y Ángela García, Enrique Miralbell, 1996.

Salva G's window displays are a real focus of attention in this street in the Ciutat Vella, increasingly full of points of interest. A full-colour aesthetic centred around recycling, the 70s and craft techniques predominates in this hairdressers' for all tastes and styles (from teenagers with pierced tongues to ladies from the nearby City Hall). Open from 10 am until 8.30 pm (an appointment is necessary). Interior design: Salva and Angela Garcia, Enrique Miralbell, 1996.

PERFUMERÍAS
PERFUMERIES

Regia
Pg. de Gràcia, 39. Tel. 93 2160121

Lo que la perfumería con más solera de la ciudad vende con verdadera satisfacción son las marcas nacionales —Puig y Myrurgia—; sin embargo, Regia cuenta también con la mayoría de los productos de perfumería y cosmética procedentes de Italia y Francia. Si lo deseas, podrás visitar además el Museo del Perfume. Otras seis tiendas Regia se distribuyen por Barcelona.
What this, the largest perfumery in the city, really takes pleasure in selling are the Spanish brands: Puig and Myrurgia; nonetheless, Regia also carries most leading French and Italian perfume products. You are welcome to visit the Perfume Museum, too. The Regia firm has a further six shops in different parts of Barcelona.

Sephora
Pl. Catalunya, 1. Tel. 93 3063900
La doble hilera de columnas de la histórica Av. de la Luz, bajo la calle Pelai, marca el eje de este nuevo templo de la belleza. El teatral interior con columnas a rayas en blanco y negro y larga alfombra roja, funde *glamour* y sobriedad, y deja que los productos organizados por gamas cromáticas sean las estrellas indiscutibles de la escena. Líder francés en la distribución de perfumes y cosméticos, Sephora quiere ser punto de referencia ineludi-

ble para los amantes del perfume. Dispone de sección de librería, zona de exposición de prestigiosos frascos, multipantalla con proyecciones, cotización de los perfumes, y un espacio donde un especialista explica la creación de fragancias.

The double row of columns of the historic Av. de la Luz, beneath carrer Pelai, marks the axis of this new shrine to beauty. The theatrical interior with its black and white striped columns and long red carpet is a fusion of glamour and sobriety, and allows the products themselves, set out in chromatic groups, to be the undisputed stars of the show. The French leader in the distribution of perfumes and cosmetics, Sephora sets out to be an essential point of reference for lovers of fragrances. The shop includes a books section, an exhibition area displaying prestigious scent bottles, a multiscreen showing videos, the prices of the perfumes and a space where an expert explains how scents are created.

Sophie Noëll
Muntaner, 339. Tel. 93 4142654

Cadena de tiendas que surge como respuesta a una saturación de mercado en el campo de la cosmética. Su fórmula se basa en la ayuda y el asesoramiento al cliente, porque la mujer de hoy no puede permitirse perder una mañana en la elección de una crema revitalizante. A destacar la coherencia entre producto, marca, imagen gráfica, envases e interiorismo. Autor: Summa; diseño interior: Lluís Pau (1991).

A chain of shops which has emerged in response to the saturation of the cosmetic market, its formula is based on advising and assisting the customer, conscious that today's woman cannot afford to waste a whole morning choosing a face cream. Of particular note is the coherence between product, label, graphic image, packaging and interior design. Project: Summa; interior design: Lluís Pau (1991).

REGALOS
GIFTS

Atalanta Manufactura
Pg. del Born, 10. Tel. 93 2683702

Todas las aplicaciones posibles de la seda estampada: pañuelos con motivos verdaderamente originales, preciosas blusas, lámparas únicas, etc., además de objetos y muebles decorados artesanalmente. Como aliciente añadido, el taller de estampación, a la vista del numeroso público que circula por la calle Montcada.

Printed silk in every conceivable application: scarves with truly originally designs, beautiful blouses, one-off lampshades, etc., as well as hand-decorated objects and furnishings. An additional attraction here is the workshop, in full view of the throngs of people strolling up and down carrer Montcada.

D Barcelona
Diagonal, 367. Tel. 93 2160346

Amplio y ecléctico surtido en *gadgets*, complementos, mueble auxiliar, souvenir moderno, artesanía y objetos de la más diversa índole y variado gusto. Incluye una sala de exposiciones para jóvenes promesas y artistas consagrados.

A wide and eclectic range of gadgets, accessories, auxiliary furniture, modern souvenirs, craft work and objects of the most varied kinds and tastes. The shop has an exhibition space showing up-and-coming talents and established artists.

Dos i Una
Rosselló, 275. Tel. 93 2177032

En un local pavimentado con baldosas de acera y pintado de amarillo ácido y rosa se encuentra una de las impulsoras del *gadget* y de los diseños divertidos Made in Barcelona. El surrealismo y la estética de los 50 y los 60 ocupan un lugar importante en la tienda, pero el verdadero objeto de culto de Dos y Una es Barcelona; suya es, por ejemplo, la edición de la archifamosa camiseta Barcelona de Mariscal. Interiorismo y concepto: B. Szenczi, J.A. Mañas y V. Ferran Martinell (1977).

This shop with its steel-tiled floors and acid yellow and pink colour scheme is

one of the chief promoters of gadgets and of "made in Barcelona" fun designs. Surrealism and the aesthetic of the 50s and 60s have an important place here, but the true object of the Dos i Una cult is Barcelona; for example, they were responsible for bringing out Mariscal's world-famous Bar-cel-ona T-shirt. Interior design and concept: B. Szenczi, J.A. Mañas and V. Ferran Martinell (1977).

Ici el Là
Pl. Santa Maria, 2. Tel. 93 2681167

Siguiendo esa tendencia generalizada que huye de las grandes producciones en serie, esta tienda da cabida a creaciones realizadas artesanalmente por jóvenes diseñadores. Muebles y objetos curiosos, además de artículos de origen africano, en la misma plaza en que se levanta la iglesia de Santa Maria del Mar. In line with the increasingly widespread move away from mass production, this shop stocks hand-crafted pieces created by young designers. Furniture and curiosity objects rub shoulders with articles imported from Africa in the little square overlooked by the beautiful church of Santa Maria del Mar.

Inicial G
Balmes 458. Tel. 93 4185618

A pesar de lo aislado de su ubicación, la esmerada selección de regalos y complementos personales y para el hogar de esta tienda hace obligada su mención.

Dispone de productos creados por nuestros más habituales diseñadores (A. Miró, Mariscal, Kima Guitart...) así como artículos de importación. Imposible salir con las manos vacías. In spite of its slightly out-of-the-way location, the careful selection of gifts and personal accessories and things for the home make this shop well worth a mention. They stock objects by a number of fasionable designers (A. Miró, Mariscal, Kima Guitart...), as well as imported articles. No one goes out of the door empty-handed.

Items d'ho
Bulevard Rosa-Pg. de Gràcia, 55.
Tel. 93 2160941
Bulevard Rosa-Diagonal, 474.
Tel. 93 4161268
L'Illa-Diagonal, 545. Tel. 93 4052876
Mallorca, 251. Tel. 93 4883237

Regalos *design* para ejecutivos. Sofisticados artilugios para enólogos, plumas estilográficas, sobrias carteras de piel, objetos de Alessi y un inmenso surtido de relojes de pulsera se amontonan en estas pequeñas tiendas donde el diseño se convierte en verdadero objeto de consumo. "Designer" gifts for executives, sophisticated knick-knacks for wine buffs, fountain pens, soberly elegant leather wallets, objects by Alessi and a tremendous selection of wristwatches are crammed into these little boutiques in which design is very much a consumer good.

OCIO
LEISURE

LOCALES NOCTURNOS
NIGHTSPOTS

Apolo
Nou de la Rambla, 113.
Tel. 93 4425183

Un antiguo salón de baile que conserva intacta la clásica decoración a base de molduras y tapizados rojos. Conciertos de música funk, dance y étnica. Los viernes y los sábados el local se hace llamar Nits a Apolo, y de esta manera se convierte en discoteca para goce de los veinteañeros modernillos de la ciudad que disfrutan con la música techno, house, etc. De 24 hasta las 5 de la madrugada.

An old dance hall which has conserved its classic decor of plaster mouldings and red plush. Concerts by funk, dance and ethnic groups, and on Fridays and Saturdays, under the name Nits a Apolo, a discotheque for the city's modern-minded twenty-somethings, playing techno, house, etc. From midnight until 5 am.

Distrito Marítimo
Moll de la Fusta.

Vecino del Gambrinus –restaurante diseñado por Mariscal que merece ser visto, pero sólo visto–, Distrito Marí-timo es el local que se mantiene más firmemente en el Moll de la Fusta. Sen-tado en una de las mesas de su terraza con vistas al puerto de Barcelona, puedes ver desde *drag queens* hasta lo más fornido del planeta. Genta guapa y de buen vivir abunda en este local que se pone imposible los fines de semana de verano. Música cambiante según el DJ que pinche esa noche. Cafetería durante el día. En invierno, miércoles y jueves, de 23 a 3,30. Viernes, sábado y domingo, de 24 a 3,30. En verano abierto todos los días.

Just along from Gambrinus (the restaurant designed by Mariscal which is worth a look, but only a look), Distrito Marítimo is the longest-running venue on the Moll de la Fusta. The clients sitting at one of the tables on the terrace overlooking the port of Barcelona may range from drag queens to chunky hemen. Bon viveurs and pretty faces abound in this bar that gets impossibly busy on summer weekends. The music varies according to which DJ is on that night. A cafe during the day, the place is open in winter on Wednesdays and Thursdays from 11 pm until 3.30 am, and Friday through Sunday from midnight until 3.30 am.

Gimlet
Santaló, 46. Tel. 93 2015306
Rec, 24. Tel. 93 3101027

Es en gran parte responsable del revival del culto al cóctel. A finales de los 70 lo intentó en un pequeño local del Born y en 1982 triunfó en Santaló, zona inevitable de la noche barcelonesa. La barra y la coctelera —en una pequeña vitrina a modo de homenaje— son las grandes protagonistas del interiorismo, de inspiración años 50. El público es consciente de que aquí podrá saborear cócteles magistrales como el Dry Martini, uno de los mejores de la ciudad. Diseño de Marc Cuixart, Enric Granell y Ricard Guasch (1982). Abierto todos los días desde las 7 de la tarde.

This bar is largely responsible for reviving the cocktail cult. After starting out in small premises in the Born in the 70s, it moved on to triumph in Santaló, that indispensable centre of Barcelona nightlife, in 1982. The bar and cocktail shaker —enshrined in a little glass cabinet— share the major roles in its interior design, of 50s inspiration. The clientele are well aware tht this is the place to savour magnificent cocktails, with a Dry Martini which is one of the best in the city. Designed by Marc Cuixart, Enric Granell and Ricard Guasch (1982). Open seven days a week from 7 pm.

Jamboree
Plaça Reial, 17. Tel. 93 3017564

Jazz & Dance Club situado en uno de los puntos más efervescentes de la ciudad cuyo gran poder de convocatoria se debe tanto a su faceta como sala de conciertos diarios de jazz y blues como a la de discoteca. El diseño no tiene cabida en este local, verdadero aglutinante de especies de la más diversa procedencia. La música funky es la reina de la noche. Abierto desde las 23,30 hasta las 5 de la madrugada.

A jazz & dance club located at one of the most effervescent points in the city, its great appeal can be attributed to both the nightly sessions of live blues and jazz and to the discotheque. Interior design is not a key consideration in this club, a real melting pot of the most varied styles and attitudes where funky music is the undisputed queen of the night. Open from 11.30 pm until 5 in the morning.

La Paloma
Tigre, 27. Tel. 93 3016897

Una de las pocas salas de baile supervivientes, de ésas entre glamurosas y decadentes, con gran pista de baile, palcos y orquesta para bailar viejos éxitos en pareja. Público multicolor y sin problemas de imagen. Abierto jueves, viernes y sábados noche.

One of the last remaining dancehalls, somewhere between glamorous and decadent in character, with a large dancefloor, boxes around the balcony, and orchestra playing old favourites for couples to dance to. The clientele is richly varied and unconcerned with image. Open Thursday, Friday and Saturday night.

Le Fou
Av. Marqués de Comillas s/n
(Poble Espanyol). Tel 93 4238230

Esta extravagante e insólita discoteca creada por Kiku Mistu está ideada en torno a la locura, con espacios dedicados a perturbados insignes como Ícaro, Juana la Loca, el marqués de Sade o Fassbinder. Aparte de las performances que se realizan periódicamente la oferta la completan un mercadillo, una peluquería y una mini-biblioteca. La gente más extrema de la ciudad acude a este recinto para airear la más oculta de sus fantasías. De 2 a 7 de la madrugada. Fin de semana desde la una.

The concept of this extravagant and highly unusual discotheque, created by Kiku Mistu, revolves around the idea of madness, with spaces devoted to Icarus, Juana la Loca, the Marquis de Sade and Fassbinder. In addition to the periodic performances, the venue offers a clothes market, a hairdresser's and a mini-library. The city's most unconventional characters come here to air their most secret fantasies. From 2 am until 7 am (opens at 1 am at the weekend).

Luna Mora
Marina, 19-21 (local 26)
Marina Village. Tel. 93 2216161

Joan Font recreó en 1996 la simbología astrológica en este espacio de dos plantas situado en la Villa Olímpica. Arriba, música disco y pista de baile con parte central transparente para deleite de visitantes aburridos que se encuentran abajo. En la planta inferior, conciertos de jazz o boleros que intentan atraer a todo tipo de clientela pero que normalmente se hacen con un público maduro con ganas de encontrar a su media naranja. Abierto de 22 a 5 de la madrugada. Domingo y festivos cerrado.

Joan Font's 1996 design recreates the symbolism of astrology in this two-storey venue in the Olympic Village. Upstairs it's disco music and a dance floor with a central section of glass, for the delectation of any bored voyeurs below, while the downstairs jazz and bolero concerts –aimed at all age groups– tend to attract a more mature clientele of singles seeking the perfect partner. Open from 10 pm until 5 in the morning. Closed Sundays and holydays.

Merbeyé
Pl. del Dr. Andreu s/n. Tel. 93 4179279

Al final del Tramvia Blau, una terraza con muchas palmeras, ideal para aletargarse al sol durante un interminable aperitivo o para disfrutar de un cóctel bajo las estrellas. El bar combina el glamur recuperado de las coctelerías de cine con detalles surrealistas y divertidos: una columna interrumpida permite el recorrido de las aspas del ventilador, el fluorescente de los servicios atraviesa la pared para iluminar al mismo tiempo ambos lados, los taburetes han sido tapizados con boinas... Autores: Fernando Amat y Francisco Bosch con colaboración de Mariscal (1978). De las 2 del mediodía hasta las 3 de la madrugada.

At the terminus of the blue tram line, a terrace with plenty of palm trees, ideal for lazing in the sun over an interminable aperitif or sipping a cocktail under the stars. The bar combines the glamour of a cocktail bar straight out of a Hollywood movie with amusing surrealist details: a column with a gap to allow the blades of the fan to pass through it, the fluorescent striplight in the toilets runs through the wall to illuminate both sides at once, the stools are covered with berets... designed by Fernando Amat and Francisco Bosch, with the assistance of Mariscal (1978). Open from 2 pm until 3 in the morning.

Mirablau
Pl. Dr. Andreu s/n. Tel. 93 4185879

Desde este local de paredes acristaladas situado al final de la avenida Tibidabo, tienes a toda la ciudad rendida a tus pies. Puedes saborear unas tapas mientras adivinas dónde se encuentra la Sagrada Família y puedes tomarte una copa mientras descubres las luces de Montjuïc. Y cuando hayas visto toda Barcelona, puedes bajar a la discoteca a moverte a ritmo de los 80. Abierto todos los días desde las 11 de la mañana hasta las 5 de la madrugada.

From this glass-walled venue at the very top of the Avda. Tibidabo you have the whole city at your feet. Here you can savour the tapas whil you try to work out where the Sagrada Família is, and enjoy a drink as you pick out the lights of Montjuïc. And once you have seen all of Barcelona, you can go down to the dance floor to move to 80s rhythms. Open every day from 11 am until 5 o'clock the following morning.

Miranda
Casanova, 30. Tel. 93 4535249

Diversión garantizada en este restaurante de ambiente gay donde puedes cenar decentemente, aunque con lentitud, y disfrutar de un espectáculo donde el protagonismo es de las *drag queens*. Las reinas de la noche desfilan entre plato y plato emulando a estrellas del pasado y rozando a los clientes con el glamur que sólo ellas poseen. La decoración *kitsch* del local se sintetiza en el menú forrado todo él de leopardo. Cocina mediterránea. Precio aproximado 3.000 ptas. Abierto todos los días de 21 a 12,30 de la madrugada.

A good time is guaranteed in this restaurant with a gay flavour, where you can dine well, if somewhat slowly, and enjoy a show in shich the drag queens are the stars, dazzling the diners with impersonations of leading ladies of the past and sprinkling around a little of their special glamour. The kitsch decor is perfectly in tune with the fake leopard-skin menu, offering Mediterranean cuisine. Average price around 3,000 ptas. Open every day from 9 in the evening until half past midnight.

Moog
Arc del Teatre, 3. Tel. 93 3017282

Discoteca de música techno y house situada en el mítico night-club Villarrosa remodelado en 1996 por Kiko Solsona. Sus reducidas dimensiones hacen que destaque el almacén de botellas que sirve de revestimiento a las paredes. El suelo de madera, característico en la mayoría de locales de los hermanos Mas, da el toque cálido a un espacio que resuena a modernidad. A destacar el diseño gráfico de Josep Bagà. Abierto de 23 hasta las 5 de la madrugada.

Techno and house sounds predominate in this dance venue located in the mythical Villarosa night-club, remodelled in 1996 by Kiko Solsona. Its small size means that the bottle store which serves as wall decoration commands attention. The wooden floor, a characteristic feature of all of the Mas brothers' premises, gives a touch of warmth to a decidedly modern space. The graphic design by Josep Bagà is worthy of note. Open from 11 pm until 5 in the morning.

Nick Havanna
Rosselló, 208. Tel. 93 2156591

Uno de los genuinos bares "de diseño" de la noche –ahora también discoteca–, tan genuino que se ha convertido en lugar de visita obligada para turistas y curiosos, con lo que el público más *fashion* ha huido para no formar parte del espectáculo. Eduard Samsó lo ideó en 1986 y desde entonces la fórmula ha sido malamente copiada por muchos otros. Un espacio único incita mágicamente al movimiento constante: *yuppies*, periodistas y buscadores de presa deambulan entre la barra tapizada de piel de vaca y la barra móvil, pasan de butacas de Philippe Starck a las gradas donde se quedan "enganchados" al *video-wall*, conversan bajo la cúpula con péndulo o visitan urinarios a lo cataratas del Niágara. Abierto desde las 11 de la noche hasta las 4 de la madrugada.

One of the genuine "designer" bars –now also a discotheque–, the Nick Havanna is so genuine it has become an obligatory port of call for tourists and the curious, with the result that its more fashionable customers have fled elsewhere to avoid being part of the show. Eduard Samsó came up with the original idea in 1986, since when the formula has been copied –badly– by many others. A single space creates a magical compulsion to be constantly in movement: yuppies, journalists and big game hunters prowl between the cowskin upholstered bar and the other, mobile, bar; wander from the Philippe Starck armchairs to the benches where they get hooked by the video-wall; chat under the pendulum in the dome, or visit the toilets *a la* Niagara Falls. Open from 11 at night until 4 in the morning.

Otto Zutz
Lincoln, 15. Tel. 93 2380722

Sigue siendo el santuario de la modernidad. Un espacio imponente con un diseño duro y cierto aire neoyorquino donde confluye inevitablemente lo más *fashion* de la ciudad. Abajo, la pista de baile destinada a gente dispuesta a seducir con todo tipo de movimientos danzantes. Arriba, la mesa de billar centra todas las miradas cuando el jugador/a reúne los requisitos de belleza establecidos y más arriba aún, en la sala VIP se concentra el mayor número de modelos y bellezones mezclados con los ya habituales ligones adinerados. Diseño: Guillem Bonet, Alicia Núñez y Jordi Parcerisas.

This is still the sanctum of modernity - an imposing space with a tough design and something of a New York atmosphere, where the city's most fashionable gather. Downstairs is the dance floor,

for those who want to seduce and be seduced by rhythmically moving bodies. Upstairs, the pool table is the centre of attention when the players meet the requisite standards of style and physical charm. On the very top level is the VIP lounge, where models and other beauties mix with the usual selection of wealthy admirers. Design: Guillem Bonet, Alicia Núñez and Jordi Parcerisas.

Rosebud
Adrià Margarit, 27. Tel. 93 4188885

Rosebud fue la última y enigmática palabra que pronunció el protagonista de *Ciudadano Kane* y que aquí sintetiza todo un multiespacio del ocio. El local, uno de los escasos espacios lúdicos de nueva planta, se levanta como una inmensa caja de cristal, con la inmejorable situación de la falda del Tibidabo. Su enorme jardín con piscina hace de éste un lugar inmejorable para tomar una copa en las noches calurosas de verano.

Rosebud was the enigmatic last word uttered by Welle's Citizen Kane, and here it serves to signify a whole multispace of leisure facilities. The premises, one of the few purpose-built ludic constructions in the city, takes the form of an immense glass box occupying a perfect site on the slopes of Tibidabo. Its enormous garden with swimming pool makes this the ideal place for a drink on a warm summer night.

Satanassa
Aribau, 27. Tel. 93 4510052

Uno de los antros más *underground* y decadentes de la noche. *Kitsch* en todos los aspectos: la decoración, con murales eróticos y esculturas absurdas, la música, con temas petardos y de los tiempos de Mae West y la clientela, compuesta por todo tipo de fauna nocturna; dignos de ver son los conjuntos y avalorios de las *drag queens* que frecuentan el local. Abierto de 22,30 hasta las 3 de la madrugada.

One of the most underground and decadent haunts of the Barcelona night. Kitsch in every aspect, from the decor, with its erotic murals and absurd sculptures, and the music, with *glam* faves and songs from the Mae West era, to the clientele, made up of every kind of nocturnal life. Worth a visit just to admire the get-up of the drag queens who frequent the place.

Open from 11.30 pm until 3 in the morning.

Snooker
Roger de Llúria, 42. Tel. 93 3179760

Aunque se trata de uno de los primeros espacios nocturnos concebidos según los cánones de la posmodernidad, el papel estelar de este bar-club de billar lo tiene el snooker. Elementos tan diseñados como la fantástica caída abombada del techo o la "Silla Desnuda" de Carlos Riart, no agreden, sino que están al servicio de ese ambiente relajado que se crea en torno a las mesas de billar. Frecuentado por amantes del snooker, arquitectos e intelectuales de treintaitantos en adelante. Diseño de Santi Roqueta, Oleguer Armengol, Carlos Riart y Víctor Mesalles (1984). Premio FAD de Interiorismo 85. Cócteles de todo tipo, de 18 a 2,30 de la madrugada. Fines de semana hasta las 4.

Despite being one of the first nightspots conceived in terms of postmodern canons, the game of snooker has the starring role in this bar-cum-billiards club. Design elements as strong as the fantastic convex ceiling or Carlos Riart's "Nude Chair", far from jarring, contribute to the relaxed atmosphere created around the billiard tables. The place is frequented by snooker enthusiasts, architects and intellectuals aged thirty-something and over. Design by Santi Roqueta, Oleguer Armengol, Carlos Riart and Victor Mesalles, 1984. FAD prize for interior design 1985. Snooker, cocktails and nightcaps from 6 pm until 2.30 in the morning. Closed Sunday. Weekends until 4.

Torres de Ávila
Marqués de Comillas, s/n.
Poble Espanyol. Tel. 93 4249309

Este disco-bar ubicado en el interior de dos torres de estilo medieval —reproducción de las monumentales torres de Ávila— es fruto de un proyecto sólo posible gracias a la unión de dos imaginaciones tan desbordadas como son las de Alfred Arribas y Javier Mariscal. Un sinfín de símbolos y piruetas "de diseño" configuran esta escenografía mágica —casi *kitsch*— que incita a divertidos paseos a lo largo y ancho del edificio. Muy recomendable la terraza, con panorámica de la ciudad. El ambiente elitista de los inicios ha dejado paso a la frivolidad de un público veinteañero que no aprecia el suelo que pisa. De jueves a domingo de 18 a 5 de la madrugada.

This bar-disco in the interior of two mediaeval-style towers (copies of the famous towers of Avila) came into being thanks to the union of two such prolific imaginations as those of Alfred Arribas and Javier Mariscal. A profusion of virtuoso "design" details and symbols make up this magical, almost kitsch setting, tempting the visitor to explore the whole fantastic building. The terrace in particular, with its panoramic view of the city below, is a must. The once exclusive, élite atmosphere has been taken over by a rather frivolous clientele of people in their twenties who realy fail to appreciate the charm of the place. Open from Thursday through Sunday, from 6 pm until 5 in the morning.

Universal Café
Marià Cubí, 184. Tel. 93 2014658

Bajo nueva gestión y con remodelación a cargo de Pilar Líbano, el Universal reabrió sus puertas a finales del 96. La planta inferior, gran espacio roto en diagonal por la barra de origen, conserva la atmósfera urbana que, ahora bajo los influjos del color rojo, congrega a un público joven preocupado por su imagen. Arriba, el gran contraste del confort de un salón con mucha tapicería donde cenar cómodamente o escuchar música en vivo (sólo entre semana).

Under new management, and remodelled by Pilar Líbano, the Universal reopened at the end of 1996. The ground floor, a large space cut across diagonally by the original bar, has retained the urban atmosphere which, now pervaded by the colour red, is a magnet for a young, styleconscious clientele. The upstairs space is in marked contrast, with all the comfort of a large, plushly upholstered lounge in which you can dine at leisure or listen to live music (on week nights only).

Up & Down
Numància, 179. Tel. 93 2802922

La que fuera discoteca de la *beautiful people* en los años 80 se ha convertido en el centro de reunión de los pijos más jovencitos que buscan en este local la primera experiencia amorosa. En el Up el público suele ser mayor, bastante mayor, y puede también cenar además de bailar canciones de toda la vida. Abajo, en el Down, la música es más desenfrenada, excepto los miércoles, que es el día de las sevillanas. Proyecto de Federico Correa y Alfonso Milá (1981). Entrada selectiva; en el Up, prohibidas las zapatillas deportivas y obligada la americana.

What used to be the favourite disco of Barcelona's "beautiful people" in the 80s has moved on to become the favoured meeting place of the sons and daughters of the propertied classes, who come here in search of their first amorous encounters. The clientele tend to be older (quite a lot older) in the Up, which offers dinner as well as dancing to old standards. Downstairs, in the Down, the music is more up to date, except on Wednesdays, which are devoted to Sevillanas. Project by Federico Correa and Alfonso Milá (1981). They are strict about admission; no sports shoes in the Up, where a jacket is essential.

Velvet
Balmes, 161. Tel. 93 2176714

Otro hito en materia de espacios lúdicos, un disco-bar producto de un delirio de diseño total realizado por Alfred Arribas en 1987. El proyecto, abigarrado hasta lo barroco, es un derroche de formas y materiales; terciopelo, pizarra, cristal, acero, gresite, madera y piedra se alían para crear una atmósfera provocadora y entrañable a la vez, llena de nostálgicas evocaciones de los años 50 y 60. También el repertorio musical se centra en décadas pasadas. Una vez más el público no está en consonancia con el decorado. Abierto desde las 19 a las 5 de la madrugada.

Another landmark amongst the city's leisure options, this disco-bar is the product of a delirium of total design, the brainchild of Alfredo Arribas in 1987. The project, almost baroque in its profusion, is lavish with forms and materials: velvet, slate, glass, steel, stoneware, wood and stone are brought together to create an atmosphere that is at once provocative and charming, full of mostalgic evocations of the 50s and 60s.
The music, too, is firmly rooted in the past. This is another instance of the clientele not being quite up to the decor. Open from 7 in the evening until 5 in the morning.

Walden Eight
Av. Indústria, 12
(San Just Desvern). Tel. 93 4990441

Una antigua fábrica en las cercanías de Barcelona, remodelada en discoteca según un proyecto original de J. Arribas finalizado por J. Font. Situada junto al Walden 7, el emblemático edificio de R. Bofill, el espacio de dos plantas apuesta por un diseño vanguardista que culmina en el restaurante situado en la chimenea de la vieja fábrica a modo de donut (inicialmente tenía que ser giratorio). Las vistas desde este mirador son propicias para una cena romántica que puedes hacer desde las 20.30. La discoteca con música de ayer y hoy funciona de 12 a 5 de la madrugada de jueves a domingo tarde.

An old factory on the outskirts of Barcelona, remodelled as a discotheque to an original project by J. Arribas, completed by J. Font. Situated alongside the emblematic Walden 7 apartment building by R. Bofill, this two-storey space has opted for an avant-garde

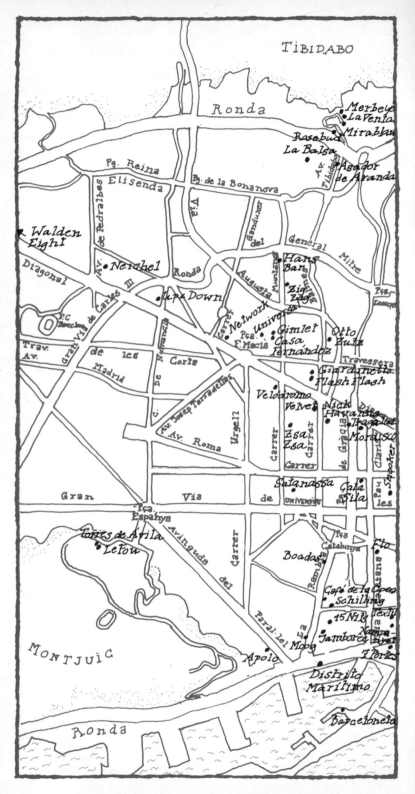

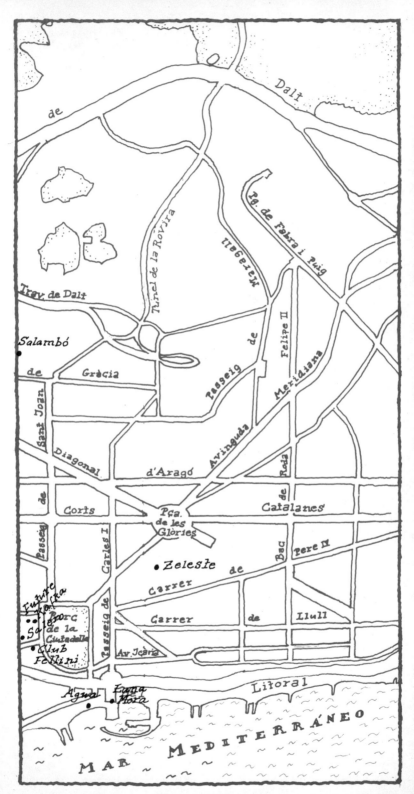

design that culminates in the restaurant, laid out in doughnut shape around the chimney of the old factory (it was originally to have been revolving). The views from this belvedere-restaurant make it ideal for a romantic dinner (served from 8.30 on). The discotheque, playing music of today and yesterday, is open from midnight until 5, from Thursday night until Sunday afternoon.

Woman Caballero
Párking de la Estació de França.
Av. Marquès de l'Argentera, 6

Bajo un nombre que cambia sistemáticamente –al cierre de esta guía Woman Caballero, antes La Via, antes Fellini– se esconde este local inclasificable, entre glamuroso y sórdido, que sirve de punto de encuentro final a gran parte de las diversas faunas de la ciudad. El público pulula incesantemente por los tres distintos ambientes que componen este espacio subterráneo de los cuales el más pequeño e íntimo –dotado de infraestructura propia– se pone hasta los topes pasadas las 3. Viernes y sábados desde la 1 de la madrugada. Domingos desde las 22.

With a name that changes regularly, almost systematically, Woman Caballero, as it was known at the time of going to print (formerly La Via, formerly Fellini) is unclassifiable, some where between glamorous and squalid, a final meeting place for much of the city's varied nightlife. The clients circulate incessantly between the three different spaces which make up this basement club, the smallest and most intimate of which really gets going after 3. Open Fridays and Saturdays from 1 am, Sundays from 10 pm.

Zeleste
Almogàvers, 122. Tel. 93 3091204

Multiespacio del ocio situado en el Poble Nou. Como un hangar laberíntico este gran espacio desprovisto de elementos arquitectónicos gratuitos es flexible a la multiplicidad de usos que impone el programa socio-cultural del local. Tres salas de conciertos, una con capacidad de 3.000 personas, albergan actuaciones de todo tipo. El público varía en función de la actividad del momento. Los viernes y sábados una de las salas se convierte en discoteca. Autores: Pep Mora, Silvia Gubern y Pilar Mangrané (1988).

This multi-space complex in Poble Nou is like a labyrinthine hangar, stripped of every gratuitous architectural detail, with the flexibility to accommodate the multiplicy of uses required by its social and cultural programme. Three spaces for live music, one of them with a capacity of 3,000, stage performances of all kinds, and the clientele obviously varies according to what's on. One of the spaces is a discotheque on Fridays and Saturdays. Project by Pep Mora, Silvia Gubern and Pilar Mangrané (1988).

Zig Zag
Plató, 13 / Muntaner. Tel. 93 3010024

Uno de los grandes clásicos de la noche. Inaugurado en 1976, el Zig Zag fue impulsor de la estética fría que luego invadió por contagio varios locales nocturnos de la ciudad. Aunque su época de esplendor haya pasado, este bar-musical puede presumir de una clientela de acérrimos incondicionales que se sienten como en casa. Buena música a base de los clásicos del rock y el pop, y billar. Autores: Alicia Núñez, Ramón Olives, Antxón Gómez y Guillem Bonet. Premio FAD de interiorismo por la reforma y la ampliación realizadas en 1980.

One of the great, classic venues of the Barcelona night. Opened in 1976, the Zig Zag was the inspiration for the cold aesthetic which subsequently caught on in a number of other nightspots in the city. Although its days of greatest splendour are past, this music bar can still count on a regular clientele of faithful devotees who really feel at home here. Good music, solidly based on the classics of rock and pop, and pool. Designers: Alicia Núñez, Ramón Olives, Antxon Gómez and Guillem Bonet. FAD interior design prize 1980 for the conversion and extension.

MÚSICA
MUSIC

L'Auditori
Lepant, 150. Tel. 93 2479300

El nuevo gran equipamiento de la ciudad consagrado a la música. El arquitecto Rafael Moneo es el autor de este edificio longitudinal con una característica retícula de hormigón y paneles de acero inoxidable oscuros en el exterior. Una arquitectura contenida y compacta pensada para servir a un amplio programa, que se levanta en un área inicialmente marginal, hoy en transformación. El espacio principal y más destacado, sede de la Orquesta Sinfónica de Barcelona y Nacional de Cataluña, es la sala sinfónica. Con capacidad para 2.340 personas es la única de la ciudad concebida para acoger grandes orquestas y en ella se ha superado la acostumbrada clasificación jerárquica del público. Completan el equipamiento una sala de música de cámara, sala polivalente, salas de ensayo para solistas y grupos, equipamientos técnicos de grabación de audio y vídeo y en el futuro la Escuela de Música de Cataluña y el Museo de Música de Barcelona.

The city's major new facility devoted to music. The architect Rafael Moneo is the creator of this longitudinal building with its characteristic grid of concrete and dark stainless steel panels on the exterior. A contained and compact architecture designed to serve a wide-ranging programme, constructed in what was at one time a marginal area now in the process of being transformed. The most important space is the symphony hall, the home of the Orquestra Simfònica de Barcelona i Nacional de Catalunya. With capacity to seat 2,340 people, this is the only concert hall in the city designed to accommodate full-size orchestras, and is also exceptional for having avoided the habitual hierarchical classification of the audience. Complementing the symphony hall are a space for chamber music, a multipurpose hall, rehearsal rooms for soloists and groups and technical installations for both audio and video recording. In the future, this will also be the home of the Escola de Música de Catalunya and the Museu de Música de Barcelona.

Palau de la Música Catalana
Sant Francesc de Paula, 2. Tel. 93 2681000

Uno de los edificios ineludibles para quien quiera conocer la arquitectura modernista de la ciudad. Fue proyectado por Domènech i Montaner en 1908 como sede y sala de conciertos del Orfeó Català. Actualmente tiene una amplia programación de música clásica, e incluye también contemporánea. En

1989 el arquitecto Oscar Tusquets llevó a cabo su remodelación y ampliación. Vale la pena llegar media hora antes de los conciertos para tomar un café o una copa de cava en el bar y disfrutar de su ambiente.

One of the truly indispensable buildings for anyone with an interest in the city's *Modernista* architecture. Designed by Domènech i Montaner in 1908 to provide a home and a concert hall for the Orfeó Català, the Palau currently offers a wide-ranging programme of classical music. In 1989 the architect Oscar Tusquets carried out a major remodelling and extension to the building. It is well worth arriving half an hour before the concert starts to enjoy a coffee or a glass of cava in the bar and savour its special atmosphere.

NIÑOS
CHILDREN

IMAX
Moll d'Espanya, s/n. Tel. 93 2332211

Tres salas de cine para los aficionados a las emociones fuertes es lo que contiene el IMAX, un volumen exagonal que destaca en la renovada silueta del Port Vell. Proyecciones gigantes, en tres dimensiones y en una pantalla cupular donde la imagen envuelve al espectador. La programación habitual —documentales sobre las maravillas del mundo— no está del todo a la altura de las posibilidades del invento. Proyecto: Jordi Garcés y Enric Sòria, 1995. Venta de entradas también por teléfono.

The IMAX, a three-screen cinema for aficionados of strong sensations, occupies an eye-catching hexagonal volume that is part of the new silhouette of the old port. Giant format 3-D films projected on the curving overhead screen to make you feel as if you're right inside the action. The regular programme, centred on travel documentaries and the wonders of nature, seems to fall a little short of the invention's potential. Project: Jordi Garcés and Enric Sòria, 1995. Tickets can be bought by telephone.

L'Aquàrium
Moll d'Espanya del Port Vell, s/n.
Tel. 93 2217474

El acuario moderno más grande de

Europa. Su máxima atracción es la reproducción del mundo submarino en un inmenso y espectacular acuario surcado por un túnel transparente de 80 metros. Autores: Robert y Esteve Terradas (1995). Abierto de 9,30 a 21; festivos de 9,30 a 21,30.

The largest modern aquarium in Europe, the great attraction here is the recreation of the submarine environment, with an 80-metre transparent tunnel taking visitors across the "sea floor". Architects: Robert and Esteve Terradas (1995). Open from 9.30 am until 9 pm, and on holidays until 9.30 pm.

Museu de la Ciència
Teodor Roviralta, 55.
Tel. 93 2126050

Un museo apasionante para indagar en los enigmas de la ciencia experimentando personalmente las leyes físicas que rigen nuestro planeta. A la sala "Clik dels nens", cuyo diseño es de Mariscal y de Alfred Arribas, sólo tienen acceso los niños de 3 a 7 años como bien sugieren las dimensiones de la puerta, no aptas para adultos. Cuenta también con un planetarium y con exposiciones periódicas. Ampliación y reforma: Jordi Garcés-Enric Sòria (1980). Abierto de 10 a 20. Lunes cerrado.

A fascinating museum in which to explore the enigmas of science through personal experience and experiments with the physical laws governing our planet. The "Clik dels nens" room, designed by Mariscal and Alfred Arribas, is exclusively for children aged 3 to 7, as the size of the door, too small for grown-ups, makes clear. There is a planetarium, and frequent special exhibitions. Extension and refurbishment by Jordi Garcés and Enric Sòria (1980). Open from 10 am until 8 pm. Closed on Monday.

Tibidabo-La Muntanya Màgica
Acceso: Tibibus inicio del trayecto en Pl. Catalunya o combinación de Tramvia Blau y Funicular.

El parque de atracciones de toda la vida, fundado en 1899 y reimpulsado en 1989. Factor esencial de su reforma fue la restauración de antiguas atracciones como el entrañable avión, considerado antaño un entrenamiento preliminar para los viajeros aéreos, o el famoso Museo de Autómatas, que incluye una gitana que te proporciona tu foto a los 80 años o la popular orquesta de negros. Las estrellas son sin embargo el espectáculo terrorífico "Krüger Hotel" y el científico "Saurus", con 22 dinosaurios a escala real y en movimiento. El restaurante La Masia, antiguo hotel remodelado y redecorado con acierto por Jordi Galí, ofrece una cocina catalana y de temporada. Horario y días de apertura en función de la época del año. Información: Tel. 93 2117942.

For generations, this has been *the* fun fair, first opened in 1899 and revamped in 1989. A key aspect of the refubishment was the renovation of old attractions like the delightful aeroplane, at one time treated as an important preparation for people about to fly for the first time, or the famous museum of automata, which includes a gypsy who will give you a photo of yourself at the age of 80, and the ever-popular minstrel orchestra. However, the star attractions are the terror show "Kruger Hotel" and the scientific "Saurus" with its 22 life-sized moving dinosaurs. The restaurant La Masía, an old hotel intelligently remodelled and redecorated by Jordi Galí, offers Catalan and seasonal cuisine. Opening times and days very according to the time of year. For information, phone 93 2117942.

TEATROS
THEATRES

Gran Teatre del Liceu
Rambla, 61. Tel. 93 3189122
E-mail: info@gt-liceu.es

Un incendio en 1994 destruyó completamente la sala y el escenario y planteó de forma drástica la necesidad de emprender la reconstrucción, precipitando a su vez la prevista ampliación. Ésta, basada en la no modificación de la estética de las partes destruidas, fue encargada al arquitecto Ignasi de Solà-Morales.
El Gran Teatre del Liceu (1948), históricamente uno de los más prestigiosos del mundo, dobla su antigua superficie e incorpora la tecnología de los teatros más modernos del mundo. La reconstrucción pasa también por la mejora de la capacidad escenográfica y las medidas de seguridad.

A fire completely gutted the audito-

rium and the stage in 1994, making immediate full-scale reconstruction, rather than the planned extension, urgently necessary. The task of rebuilding the theatre while keeping faith with the original architecture was entrusted to Ignasi de Solà-Morales. The new Gran Teatre del Liceu (1948), historically one of the world's most prestigious opera houses, will double the surface area of the old building and will incorporate the very latest theatre technology.

The reconstruction will also mean improvements in the staging capacity and safety provisions.

Mercat de les Flors
Lleida, 59.
Tels. 93 4261875/93 4262102

Este teatro recuperó en los años 80 un edificio que durante muchos años había sido mercado de las flores de la ciudad. El edificio, construido para la Exposición Internacional de 1929, fue trasformado en los actuales espacios A y B, lugares idóneos para espectáculos vanguardistas como el ballet de Pina Bausch o las performances de la Fura dels Baus. La cúpula está decorada con un impresionante fresco de Miquel Barceló.
El Mercat de las Flors se incorpora como eje central del proyecto de la Ciudad del Teatro que unificará urbanísticamente gran parte de la oferta de artes escénicas de la ciudad en Montjuïc.

The theatre dates from the 80s, when it took over what was once the city's main flower market, housed in a building constructed for the 1929 International Exhibition, duly transformed into two auditoria, the ideal venues for avant-garde performances such as those by Pina Bausch and her dance company or the uncompromising Fura dels Baus. The dome over the foyer features an impressive fresco by Miquel Barceló.
The Mercat de les Flors is the keystone of the project to develop a Theatre City which will make Montjuïc the setting for a significant part of Barcelona's drama provision.

Teatre Lliure
Montseny, 47. Tel. 93 2189251

Unido desde su inicio al carismático barrio de Gràcia, se prepara para dejar este entorno de callejuelas estrechas y trasladarse a Montjuïc como prevé un proyecto urbanístico y de infraestructura cultural de la ciudad llamado la Ciudad del Teatro, del cual es comisario y director Lluís Pascual. La nueva sede se aloja en el Palacio de la Agricultura, construido en 1929 con motivo de la Exposición Internacional y rehabilitado por por el arquitecto Manolo Núñez Yanovsky. El mismo edificio albergará la Fundació Teatre Lliure y el Instituto del Teatro.

Connected from its first beginnings with the charismatic district of Gràcia, the Lliure is currently preparing to leave the old narrow streets for a new home on Montjuïc, in line with Barcelona's Theatre City project, being directed by Lluís Pascual. The Lliure's new home will be the Palau de la Agricultura, built in 1929 for the International Exhibition and refurbished by the architect Manolo Núñez Yanovsky. The building will also house the Fundació Teatre Lliure and the city's Institut del Teatre.

Teatre Nacional de Catalunya
Pl. de les Arts, 1
Tel. 93 3065700
e-mail: info@TNC.es

Es la gran nueva infraestructura pública teatral de la ciudad y actualmente el teatro más avanzado de Europa a nivel tecnológico.
El inmenso conjunto arquitectónico de corte neoclásico, obra del arquitecto Ricardo Bofill (1997), tiene tres espacios principales: vestíbulo, sala y caja escénica. Constituyen un único cuerpo cubierto por un techo metálico apoyado sobre columnas monumentales de hormigón. El exterior del edificio está construido en cristal y permite la visión de los espacios interiores desde la calle.
En cuanto a programación, la Sala Petita está concebida para la experimentación y las producciones más alternativas y en la Sala Gran se representan las grandes producciones.
El TNC cuenta también con zonas públicas como bares, restaurantes, tiendas y zonas dedicadas a otras actividades culturales.

This is the city's great new public drama facility, and at present the most technologically advanced theatre in Europe. The immense neoclassical architectural complex, the work of the architect Ricardo Bofill (1997), has three main spaces: foyer, auditorium and stage. These constitute a single volume, with a metal roof supported

on monumental concrete columns. The external skin of the building is of glass, giving views of the interior from the street.

In terms of artistic programme, the smaller *Sala Petita* is geared towards experimental theatre and alternative work, with the more lavish productions being staged in the larger *Sala Gran*. The TNC also includes a series of facilities for the public, such as bars, restaurants, shops and areas for other cultural activities.

Teatre Romea
Hospital, 51. Tel. 93 3015504

La sala emblemática del teatro catalán. En la actualidad acoge la sede del Centre Dramàtic de la Generalitat de Catalunya. Su producción teatral se ha centrado en la dramaturgia catalana contemporánea y en la revisión de los clásicos. La sala fue restaurada en el año 1992 por el arquitecto Joan Rodón.

The flagship of Catalan theatre, this is currently the home of the Generalitat de Catalunya's Centre Dramàtic, with a programme concentrating on contemporary Catalan drama and a reappraisal of the classics. The auditorium was recently restored by the architect Joan Rodón.

TURISMO
TOURISM

Poble Espanyol
Marqués de Comillas, s/n.

Ya no se sabe si es *kitsch*, interesante o, incluso, fascinante, pero, indudablemente, esta selección de reproducciones de la arquitectura regional española es un conjunto bastante especial. Rincones de Galicia, Castilla, Andalucía, Cataluña, etc., aparecen juntos y revueltos en este pueblo artificial y *typical Spanish* construido en Montjuïc con motivo de la Exposición Internacional de 1929. El cambio de imagen por el que atravesó el Poble Espanyol a principios de los 90 con el fin de modernizar y ampliar su oferta, ha dado lugar a la aparición de locales nocturnos como Le Fou y el Torres de Ávila, ambos de visita aconsejada.

It's impossible to tell now whether the place is kistch, interesting or, perhaps, fascinating, but this collection of reproductions of Spanish regional architecture is undoubtedly a rather special complex. Little corners of Galicia, Castille, Andalucía, Catalunya and so on sit side by side, all thrown together in this artificial and "typically Spanish" village constructed on Montjuïc for the international Exhibition of 1929. The Poble Espanyol underwent a fairly radical change of image in the early 90s, modernizing and diversifying its range of recreational amenities, which now includes night clubs such as Le Fou and the Torres de Avila, both of which are well worth visiting.

GALERÍAS Y SALAS DE EXPOSICIONES
ART GALLERIES AND EXHIBITION SPACES

GALERÍAS
GALLERIES

Alejandro Sales
Julià Romea, 16. Tel. 93 4152054

Creada en 1989, esta joven galería se dedica casi exclusivamente a la pintura contemporánea, principalmente arte conceptual, con dos ideas muy claras, que sea joven y, sobre todo, nueva.
Established in 1989, this young gallery is dedicated exclusively to contemporary painting, with the emphasis on conceptual art, with two extremely clear ideas: it must be young and, above all, new.

Art Box
Petritxol, 1. Tel. 93 3015545

Con más aspecto de cyber-café que de galería de arte, Art Box es fruto de un ambicioso proyecto que propone un nuevo concepto en la forma de exposición y venta de la obra de arte. El elemento clave son los expositores, máquinas dirigidas informáticamente que permiten visionar hasta 20 obras originales y obtener datos acerca de ellas a través de pantallas de ordenador anexas. Diseño integral y de marca: SUMMA, 1997.
Looking more like a cyber-café than an art gallery, Art Box is the outcome of an ambitious project which puts forward a new concept in exhibition format and the selling of artworks. The key element is the display process; a computer-operated mechanized system that lets you view up to 24 original works while the annexe screens provide information about the artist and the work. Overall design and logo: SUMMA, 1997.

Aspectos
Rec, 28. Tel. 93 3195285

No se trata de la clásica galería. Situada en las proximidades del Mercat del Born, Aspectos se ha especializado en la producción y venta permanente de diseños de vanguardia y arte contemporáneo. El local, una antigua agencia de transportes, ha sido reformado con creatividad por su propietaria, Camilla Hamn.
This is far from being the classic notion of the gallery. Situated in the vicinity of the old Born market, Aspectos has come to specialize in the production and sale of avant-garde and contemporary design. The venue itself, originally a transport agency, was converted with great creativity by its proprietor, Camilla Hamm.

Estrany-De La Mota
Passatge Mercader, 18.
Tel. 93 2157051

Uno de los espacios más experimentales y abiertos a nuevas tendencias de Barcelona, con artistas pluridisciplinares como Pep Agut, Antoni Abade e Ignasi Aballí.
One of the most experimental spaces in Barcelona, very open to the latest tendencies, the gallery features multidisciplinary artists such as Pep Agut, Antoni Abad and Ignasi Aballí.

Ferran Cano
Pl. dels Àngels, 4. Tel. 93 3011548

Situada en el entorno del MACBA, zona que día a día se consolida como centro de arte actual, esta galería, al igual que Carles Poy, se dedica exclusivamente a últimas tendencias. El espacio está compuesto por dos plantas,

sótano y bajos, donde se abre un lucernario que ilumina la parte inferior.

Situated near the MACBA, in an area that is becoming more and more established as a centre for contemporary art, this gallery, like the Carles Poy, is exclusively devoted to the latest tendencies. The gallery is laid out on the ground floor and basement, with a skylight illuminating the downstairs space.

H₂O
Verdi, 152. Tel. 93 4151801

En el barrio de Gràcia y desde 1989, uno de los escasos espacios consagrados a la exhibición de arquitectura y diseño (industrial, gráfico, de moda y textil). De la mano de Joaquín Ruiz Millet la galería se dedica también a la edición de libros así como de objetos y muebles de nuevo y antiguo diseño. Muestra de su trayectoria son la exposición de piezas procedentes de las "golfas" de la Pedrera y la edición de un libro sobre la exposición "Pa amb tomaquet" del diseñador Martí Guixé.

Established in the Gràcia district since 1989, one of the few spaces devoted to the exhibition of architecture and design (industrial, graphic, fashion and textile). Under the direction of Joaquín Ruiz Millet, the gallery is also active in book publishing and the production of furniture and objects to designs both old and new. Examples of the gallery's work include the show of pieces from the attics of Gaudí's Pedrera and the publication of a book on the exhibition "Pa amb tomaquet" by the designer Martí Guixé.

Joan Prats
Rbla. Catalunya, 54. Tel. 93 2160284

Josep Lluís Sert fue el encargado de adaptar en 1975 los bajos de este edificio del arquitecto Vilaseca para su uso como sala de exposiciones. La fachada de vidrio policromado, transplantada de una tienda de 1845, es un claro signo de identidad. Arte contemporáneo con nombres como Ràfols Casamada, Hernández Pijoan, Christo, Wilfredo Lam, Brossa y un largo etcétera.

Josep Lluís Sert was commissioned to convert the ground floor of this bulding by the architect Vilaseca for use as an exhibition space in 1975. The stained glass facade, which was taken from an 1845 shop front, is a clear identifying feature. Contemporary art by figures such as Ràfols Casamada, Hernández Pijuan, Christo, Wilfredo Lam, Brossa and many more.

Ras
Doctor Dou, 10.

Inaugurada en 1998, está especializada en arquitectura contemporánea. Organiza exposiciones no sólo de dibujos y planos de proyectos arquitectónicos, sino también de otras manifestaciones como muestras de fotografía de arquitectura o acciones de índole teórico y especulativo. La galería se encuentra vinculada a la editorial Actar, especializada en libros de arquitectura, diseño y fotografía. El local dispone de una pequeña, pero muy interesante, sección de librería donde se pueden consultar los nuevos títulos que publica.

Inaugurated in 1998, this gallery specializes in contemporary architecture. They organize not only exhibitions of drawings and plans of architectural projects, but shows devoted to other related fields such as architectural photography or actions of a theoretical and speculative nature. The gallery has close links with the Actar publishing company, which specializes in books on architecture, design and photography. The gallery also has a small but very interesting bookshop where visitors can browse the la-test titles

Senda
Consell de Cent, 337. Tel. 93 4876759

La propuesta más reciente en Consell de Cent. Esta galería presenta valores de la escena artística española, como Ramón Herreros, Gino Rubert, Juan Navarro Baldeweg y Guillermo Pérez Villalta.

The latest addition to the Consell de Cent scene. The gallery presents important names in Spanish art, such as Ramón Herreros, Gino Rubert, Juan Navarro Baldeweg and Guillermo Pérez Villalta.

Urania
Doctor Dou, 19. Tel. 93 4122345

Sala abierta a proyectos de arte interdisciplinarios con clara orientación y con nombre como los de Elías Torres, Jordi Guillamet y Carme Pinós, entre otros. Forma parte de Art in Project desde donde Rosa Ferré y Marta Sierra gestionan exposiciones en centros públicos y privados así como su itine-

rancia. Situada en el Raval, Urania está implicada en la dinamización cultural del barrio y en eventos culturales de la ciudad. La biblioteca, el centro de documentación y la cabina con acceso a internet, así como el uso de materiales simples y cálidos, rompen la dura esencialidad del espacio original. Proyecto: Federico Climent y Santiago Fiol, 1996.

A gallery open to interdisciplinary art, with a clear orientation towards architecture, photography and design, featuring names such as Elías Torres, Jordi Guillamet and Carme Pinòs, amongst others. The gallery is a branch of "Art in Project", the platform from which Rosa Ferré and Marta Sierra organize exhibitions -some of them taken out on tour- in public and private centres. Situated in the Raval, Urania is actively involved in stimulating the cultural dynamic of the district, and a wide range of cultural events in the city. The library, the documentation centre and the Internet booth, together with the use of warm yet simple materials, take the atmosphere a long way from the essential hardness of the original space. Project: Federico Climent and Santiago Fiol, 1996.

SALAS DE EXPOSICIONES
EXHIBITION SPACES

Centre Cultural de la Fundació La Caixa
Pg. Sant Joan, 108. Tel. 93 2588907

Dedicado a una función eminentemente divulgativa, este espléndido edificio neogótico del arquitecto modernista Josep Puig i Cadafalch fue convertido en centro cultural en 1978, bajo el auspicio de una importante entidad bancaria. Su principal objetivo está en dar a conocer al gran público movimientos históricos recuperados, así como figuras y escuelas de las vanguardias clásicas y de las últimas tendencias. Exposiciones de Leonardo da Vinci, Fortuny, Morandi, Fontana, Beuys y Baselitz, entre muchas otras.

This splendid neo-Gothic building by the *Modernista* architect Josep Puig i Cadafalch, which was converted into a cultural centre in 1978, under the auspices of a major savings bank, has an essentially popularizing function. Its principle objective is to allow the gene-

ral public to gain a greater understanding of key movements in art history, as well as individual figures and schools from the classics to the avant-gardes to the latest tendencies. Exhibitions here hae been devoted to Leonardo da Vinci, Fortuny, Morandi, Fontana, Beuys and Baselitz, among many others.

Centre d'Art Santa Mònica
Rambla de Santa Mònica, 7.
Tel. 93 4122279

Edificio del siglo XVII, antigua casa de los agustinos descalzos, convertido con la remodelación efectuada por los arquitectos Helio Piñón y Albert Viaplana en un ejemplo emblemático del minimalismo abstracto. En sus varios espacios se presentan tanto exposiciones temáticas como muestras de artistas de prestigio reconocido. En su nuevo Espai Vau se pueden encontrar obras de artistas que normalmente no tienen acceso al circuito de galerías, sin límite de estilo, generación o técnica.

This 18th-century building, formerly occupied by the Barefoot Augustines, was converted by the architects Helio Piñón and Albert Viaplana into an emblematic example of abstract minimalism. The various exhibition spaces present shows devoted to specific themes and to internationally acclaimed artists, while the new Espai Vau focuses on the work of artists who normally have little access to the gallery circuit, without restrictions on style, generation or medium.

Centre de Cultura Contemporània de Barcelona, CCCB
Montalegre, 5. Tel. 93 4810069

El conjunto arquitectónico que albergaba la Casa de la Caritat (antiguo hospicio) es hoy sede del CCCB. Concebido como un lugar abierto a las diferentes formas de expresión artística y humanista, es un espacio multidisciplinar de investigación, donde caben exposiciones, conferencias, debates, conciertos, etc., relacionados con la ciudad como concepto. La restauración llevada a cabo por Helio Piñón y Albert Viaplana entre 1990 y 1993 ha respetado el Patio Manning —claustro de dos pisos y de orden toscano— y ha abierto una perspectiva inédita: el hospital antituberculoso, obra de Josep Lluís Sert. Merece la pena una visita a su librería, especializada en arquitectura y ciudades.

The historic architectural complex of the old Casa de la Caritat hospice is now the home of the CCCB, embracing diferent forms of artistic and humanistic expression in a multidisciplinary space for research hosting exhibitions, lectures, debates, concerts, etc., related to the concept of the city. The restoration and conversion carried out by Helio Piñón and Albert Viaplana between 1990 and 1993 has respected the two-storey Tuscan-style cloister of the Pati Manning and opened up a new perspective on Josep Lluís Sert's neighbouring tuberculosis clinic. The bookshop, specializing in architecture and cities, is well worth a visit.

Fundació Antoni Tàpies
Aragó, 225. Tel. 93 4870315

Superada la polémica que suscitó en su momento, la Fundació constituye hoy uno de los emblemas de la ciudad, por la conjugación de dos elementos tan barceloneses como son la antigua editora Montaner i Simón, edificio del modernismo temprano de Domènech i Montaner, y la escultura que lo corona, obra de Tàpies. El espacio, remodelado por Lluís Domènech y Roser Amadó en 1989, acoge un fondo permanente de 300 piezas del artista y ofrece exposiciones de otros grandes contemporáneos como Motherwell, Kounellis o Ana Mendieta. Cuenta también con una biblioteca exhaustivamente documentada sobre el arte del siglo XX.

Having moved on beyond the controversy it generated when it first opened, the Tàpies is today one of the city's emblems, thanks to the combination of two such thoroughly Barcelona elements as the building itself, the early *Modernista* Montaner i Simon publishing works by Domènech i Montaner, and the sculpture which now crowns

it, by Tàpies himself. The interior, remodelled by Lluís Domènech and Roser Amadó in 1989, houses a permanent collection of some 300 of the artist's pieces and hosts exhibitions of other major contemporary artists such as Motherwell, Kounellis or Ana Mendieta. It also has an exceptionally well-stocked library devoted to 20th-century art.

Fundació Caixa de Catalunya
Provença, 261. Tel. 93 4845980

Está ubicada en la Pedrera y dispone de dos salas. Una, l'Espai Gaudí, ocupa la buhardilla y la azotea del edificio más famoso de la ciudad con una exposición permanente de la vida y obra del genial arquitecto, en forma de dibujos, maquetas, fotografías y un montaje audiovisual. El otro espacio, la Sala de Exposiciones, tiene un repertorio que va desde la antropología a las últimas tendencias pasando por la revisión de artistas de todos los tiempos.

Situated in Gaudi's La Pedrera, the Fundació has two main spaces: the Espai Gaudí, occupying the attic and roof terrace of the city's most famous town house, is a permanent exhibition devoted to the life and work of the great architect, with drawings, models photographs and an audio-visual presentation, while the other exhibition space addresses themes which range from anthropology to the latest contemporary creative talents, by way of the whole history of art.

Fundació Joan Miró
Parc de Montjuïc, Pl. Neptú s/n. Tel. 93 3291908

Obra del arquitecto Josep Lluís Sert, la Fundació, además de presentar un fondo de más de 10.000 obras del polifacético artista que le da nombre, muestra periódicamente retrospectivas de arte moderno y contemporáneo. La iluminación natural que preside las salas es uno de los rasgos esenciales de este emblemático conjunto arquitectónico desde cuyo patio interior se obtiene una gran panorámica de la ciudad. El Espai 13, en los sótanos del edificio, está reservado a jóvenes valores desconocidos para el gran público. Para descansar, un bar-restaurante con terraza, especialmente indicado en días soleados.

Designed by the architect Josep Lluís

Sert, the Fundació not only presents a collection of more than 10,000 works by the multi-faceted Miró, but also mounts regular retrospectives of modern and contemporary art. The prevalence of natural light in the exhibition rooms is one of the essential features of this emblematic complex, whose interior courtyard offers a great panoramic view of the city. Espai 13, in the basement, is exclusively devoted to young talents as yet unknown to the general public. On sunny days, the bar-restaurant with terrace is a particularly agreeable place to spend some time.

MACBA
Museo d'Art Contemporani de Barcelona. Pl. dels Àngels, 1. Tel. 93 4120810

Uno de los más jóvenes museos de la ciudad, inaugurado en 1995 con la habitual controversia que acompaña a obras de tamaña envergadura. Las críticas van desde calificar el edificio de pobre aportación a la arquitectura hasta considerar el contenedor superior al contenido. Polémicas aparte, el edificio, obra de Richard Meier, ha tenido una indiscutible incidencia urbanistica y socio-cultural en su entorno —el Raval— y es de visita obligada. El museo dispone de un fondo permanente al que se suman exposiciones sobre arte actual, espectáculos visuales, conferencias, performances así como ferias y festivales de arte y música contemporáneos.

On of the city's most recent exhibition spaces, the MACBA opened in 1995 to the usual controversy which invariably accompanies projects on this kind of scale. Responses range from dismissal of the building as a poor contribution to architecture to the view that the container is superior to the content. Polemic apart, Richard Meier's building has had an undeniable urbanistic and socio-cultural impact on its setting in the Raval district, and is a must-see. In addition to its own permanent collection, the museum offers temporary exhibitions of contemporary art, visual performances, lectures, art fairs and festivals and contemporary music.

Metrónom
Fusina, 9. Tel. 93 2684298

Sala pionera en cuanto a vanguardias se refiere. Actualmente sigue fiel en su apoyo a las propuestas más experimentales: cine, vídeo, poesía sonora y en general todo el arte relacionado con los nuevos medios. Del espacio, un almacén del s. XIX remodelado en 1984, destaca la iluminación natural de sus 550 m² a partir de cinco claraboyas.

This gallery, one of the pioneers in the field of avant-garde art, continues to keep faith with the most experimental options, including film, video, sound poetry and everything associated with the new media. The space itself, a 19th-century warehouse remodelled in 1984, is remarkable for the five skylights which provide natural lighting for its 550 m².

Museo Picasso
Montcada, 15. Tel. 93 3196310

Ubicado en tres palacios del siglo XV, la Casa del Baró de Castellet, el Palau Berenguer d'Aguilar y el Palau Meca, el museo recoge el legado de Jaume Sabatés, amigo del pintor, y varias donaciones del propio Picasso y de su mujer Jaqueline. Un nuevo proyecto de Jordi Garcés autor junto con Enric Sòria de anteriores remodelaciones en 1981 y 1986, ampliará el museo con los palacios Mauri y Finestres. La colección permanente recoge obras de Picasso desde los inicios de su trayectoria, además de muestras antológicas de artistas y movimientos relacionados con su vida y su obra.

Situated in three adjacent 15th-century palaces —the Casa del Baró de Castellet, the Palau Berenguer d'Aguilar and the Palau Meca— the museum houses the legacy of Jaume Sabatés, a personal friend of Picasso, and a number of donations from the painter himself and his wife Jacqueline. A new project by Jordi Garcés and Enric Sòria, who carried out the previous conversions in 1981 and 1986, is set to extend the museum into the Palau Mauri and the Palau Finestres. The permanent collection comprises works from the beginning of Picasso's career, together with anthological exhibitions of artists

and movements associated with his life and work.

Palau de la Virreina
Rambla, 99. Tel. 93 3017775

Esta histórica residencia de estilo barroco es uno de los escaparates de la programación cultural del ayuntamiento. Es posible visitar muestras antológicas de arte moderno y contemporáneo. Casas, Nonell, Rusiñol, Gargallo, Piet Mondrian, Man Ray, Meret Oppenheim, la colección Thyssen, etc., son algunos de los artistas y colecciones que han pasado por aquí. El Palau cuenta también con una pequeña y curiosa librería.

This historic viceregal residence, baroque in style, is one of the shop windows of the Ajuntament's cultural programme, in which they put on exhibitions and retrospectives of modern and contemporary art. Casas, Nonell, Rusiñol, Gargallo, Piet Mondrian, Man Ray, Meret Oppenheim, the Thyssen collection and many other exhibitions have been mounted here. The Palau also has a small but highly interesting bookshop.

La Sala Vinçon
Pg. de Gràcia, 96. Tel. 93 2156050

Situada en el que fuera el estudio del pintor Ramón Casas a comienzos del siglo, la sala —no comercial— comparte ubicación, filosofía y director con Vinçon (ver la sección *Diseño, mobiliario e iluminación*). Los 100 m² dan cabida a muebles, maquetas, prototipos, pintura, fotografía, grafismo, montajes *in situ*, etc., y es uno de los pocos espacios con un interés declarado por el diseño. Por él han pasado desde 1973, entre muchos otros, Alessandro Mendini, Mariscal, Ingo Maurer, Ouka Lele, Oscar Tusquets, Philippe Starck, Ron Arad, el Water Studio...

Located in what was the painter Ramón Casas' studio at the turn of the century, the gallery —not a commercial gallery— shares premises, philosophy and director with the Vinçon shop (see the lighting section "Design, furniture and lighting"). Its 100 m² takes in furniture, models, prototype designs, painting, photography, graphics, *in situ* constructions and the like, and is one of the few such spaces with a declared interest in design. Since 1973 they have shown work by, amongst others, Alessandro Mendini, Mariscal, Ingo Maurer, Ouka Lele, Oscar Tusquets, Philippe Starck, Ron Arad, the Water Studio...

LA PROFESIÓN.
INFORMACIÓN ÚTIL
THE PROFESSION.
USEFUL INFORMATION

ESCUELAS
SCHOOLS

Eina
Pg. Santa Eulàlia, 25. Tel. 93 2030923

Fundada en 1967 por Ràfols Casamada, EINA es una de las escuelas privadas de más prestigio de la ciudad. El profesorado está constuido por los mejores profesionales del diseño y el arte (Federico Correa, André Ricard, Pep Bonet, Miguel Milà, América Sánchez, Miquel Espinet...). Estudios de diseño gráfico, interiores y de productos, reconocidos por la Universidad Autónoma de Barcelona, y estudios de arte con titulación propia. Desde 1994 ocupa un palacete neogótico con jardín rehabilitado por el estudio Espinet/Ubach.

Founded in 1967 by Ràfols Casamada, and situated in an old neo-Gothic palace with a garden, the Eina is one of the most prestigious private schools in the city, with a teaching staff recruited from amongst the foremost practitioners of art and design (Federico Correa, André Ricard, Pep Bonet, Miguel Milà, América Sánchez, Miquel Espinet...). Studios specializing in graphic, interior and product design, with qualifications recognized by the Universitat Autònoma de Barcelona, and fine art studios which confer their own qualifications. Since 1994 it has occupied a neo-Gothic mansion with a garden, refurbished by the Espinet/Ubach studio.

Elisava
Ample, 11-13. Tel. 93 3174715

Fundada en 1961 y con nueva sede en Ciutat Vella desde 1997. Elisava fue la primera escuela privada dedicada exclusivamente al diseño. Desarrolla diversas actividades como seminarios y conferencias, intercambios internacionales (programa Erasmus/Sócrates) y dispone de un importante centro de documentación de diseño. Publica la revista *Temes de Disseny* de la mano de Jordi Pericot, director del centro. Títulos de graduado Superior en Diseño por la Universidad Pompeu Fabra, Ingeniería Técnica en Diseño Industrial, Arquitectura Técnica y Bachelor of Arts with Honours in Design.

Founded in 1961, with new premises in the Ciutat Vella district since 1997, Elisava was the first private school devoted exclusively to design. They run a range of different activities, including seminars and lectures and international exchanges under the Erasmus and Socrates programmes, and have an important documentation centre on design. They also publish the magazine *Temes de Disseny*, edited by Jordi Pericot, the school's director. Qualifications include the Higher degree in Design, validated by the Universitat Pompeu Fabra, Technical Engineer in Industrial Design, Technical Architect and BA (Hons.) in Design.

Llotja
Ciutat de Balaguer, 17-19.
Tel. 93 4185039

Escuela pública de Artes y Oficios fundada en 1775 y subvencionada por la Generalitat de Catalunya. Ha implantado la enseñanza del diseño (gráfico, industrial, interiorismo y estampados). Otorga el título oficial de graduado en Artes Aplicadas y Oficios Artísticos. Matrícula gratuita y ayudas económicas.

This public Arts and Crafts school, founded in 1775, is subsidized by the Generalitat de Catalunya. They have recently introduced a range of new design courses (in graphic, industrial, interior and fabric design). The school awards the officially-recognized qualification of Graduate in Applied Arts and Artistic Crafts. Enrolment is free and there are grants available.

Massana
Hospital, 56. Tel. 93 4422000

Creada por el ayuntamiento en 1929, esta escuela pública situada en el casco antiguo imparte cursos en el campo del arte –joyería, cerámica, pintura...– y del diseño, que incluye estampados, interiorismo, industrial (desde 1965) y gráfico (desde 1959). Otorga el título de graduado en Artes Aplicadas y Oficios Artísticos.
Los estudios realizados en estas cuatro escuelas están reconocidos por el Bureau of European Designers Associations.

Established by Barcelona city council in 1929, this public school situated in the historic centre of the city offers courses in the fields of art –jewellery, ceramics, painting, etc.– and design, including fabric, interior, industrial (since 1965) and graphic design (since 1959). The school awards the qualification of Graduate in Applied Arts and Artistic Crafts.
The courses taught in these four schools are recognized by the Bureau of European Designers' Associations.

FOTÓGRAFOS
PHOTOGRAPHERS

Eugeni Bofill
Casanova, 15, 1° 1ª. Tel. 93 4253774

Fotógrafo de arquitectura e interiorismo, trabaja asiduamente para instituciones. Componente del equipo FRIS junto a Francesc Morera y Roser Puigdefàbregas, realizó las fotografías del Dossier de Candidatura para los JJ.OO. de Barcelona 92 y las del catálogo de la exposición del arquitecto modernista Puig i Cadafalch (Barcelona, 1989). Ha colaborado en la exposición y catálogo Espacio y Sociedad en la arquitectura de MBM, publicado por el Ministerio de Obras Públicas y Transportes. En el ámbito internacional ha sido editado en Berlín su trabajo Barcelona en diagonal.

A photographer of architecture and interiors who works regularly for major institutional clients. A member of the FRIS team, with Francesc Morera and Roser Puigdefàbregas, his credits include the photographs for the Candidature Dossier for the Barcelona '92 Olympics and the catalogue for the exhibition devoted to the Modernista architect Puig i Cadafalch held in Barcelona in 1989, as well as contributing to the exhibition and catalogue Space and Society in the Architecture of MBM published by Spain's Ministry of Public Works. In international terms, his Barcelona en Diagonal was published in Berlin.

Lluís Casals
Rosselló, 244, local 1. Tel. 93 2150579

Especializado en arquitectura, trabaja para importantes revistas nacionales y extranjeras de arquitectura, diseño e interiorismo. Es autor de las fotografías del libro Casas mediterráneas. Costa Brava y autor de Casas Mediterráneas. Baleares, ambos editados por Gustavo Gili.

Specializing in architecture, Casals works for leading Spanish and foreign publications covering architecture, design and interior design, and took the photographs for the books Mediterranean houses. Costa Brava and is the author of Mediterranean houses. The Balearic Islands, both published by Editorial Gustavo Gili.

Francesc Català-Roca
Travessera de Dalt, 44.
Tel. 93 2841493

Archivo fotográfico impulsado por los hijos del que fuera el fotógrafo de la calle y el reportero gráfico de Barcelona por excelencia. Fue hasta 1998, el año de su muerte, posiblemente el profesional que más retrató la ciudad, presentándola en varios de sus aspectos: arquitectónico, social, costumbrista... Colaboró en la exposición realizada en La Pedrera Mira Miró (1993). Es autor de las fotografías del libro Grupo R, editado por Gustavo Gili, y recientemente la Universidad Politécnica de Catalunya ha publicado su libro Arquitectura moderna en Barcelona. En Impressions d'un fotògraf podemos leer sus memorias.

A photographic archive set up by the sons of the man who was Barcelona's supreme street photographer and graphic reporter. Up until his death in 1988 he probably took more pictures of the city than any other professional photographer, presenting various aspects of its architecture, society, customs… His work was featured in the exhibition *Mira Miró* in the Pedrera (1993); he took the photographs for the book Grupo R, published by Gustavo Gili, and the Universitat Politècnica de Catalunya recently published his book *Arquitectura moderna en Barcelona*. His memoirs can be read in *Impressions d'un fotògraf*.

Ferran Freixa
Princesa, 20, pral. 1ª. Tel. 93 3101014

Inagotable e imparable fotógrafo de arquitectura, interiorismo y diseño, sus trabajos se pueden encontrar en las más importantes revistas especializadas como *El Croquis, Quaderns d'Arquitectura, Casa Vogue* y *Nuevo Estilo*.

An inexhaustible and indefatigable photographer of architecture, design and interior design, Freixa's work is to be found in the leading specialist magazines such as *El Croquis, Quaderns d'Arquitectura, Casa Vogue* and *Nuevo Estilo*.

Lourdes Jansana
Portal de l'Àngel, 7, pral. 1ª A.
Tel. 93 3172107

Fotógrafa de arquitectura e interiorismo, trabaja tanto para arquitectos como Llinàs, Elías Torres y Martínez Lapeña, como para revistas especializadas, nacionales e internacionales, e instituciones.

A photographer of architecture and interiors, she works for architects such as Llinàs, Torres and Martínez Lapeña, for institutional clients and for the specialist magazines, Spanish and foreign.

Duccio Malagamba
Consell de Cent, 282, 3° 1ª.
Tel. 93 2157560

Arquitecto y fotógrafo, Malagamba pasó su etapa de arquitecto en el estudio MBM. Fue director técnico de la revista *Diseño interior*, y ganador de dos Lux de oro en el apartado de fotografía de arquitectura profesional. Colabora en las más prestigiosas revistas nacionales y extranjeras.

An architect and photographer, Malagamba worked as an architect with the MBM studio. He was technical director of the magazine *Diseño Interior*, and has won two Lux de Oro awards in the professional architectural photography category. He is a regular contributor to the leading Spanish and international magazines.

Jordi Sarrà
Zamora, 95, 2° 3ª. Tel. 93 4850400

Es autor de varios libros de arquitectura para la editorial alemana Taschen. Trabaja la arquitectura, el interiorismo y la moda, con colaboraciones en las principales revistas nacionales y extranjeras, como *Blueprint, Wind, Architectural Digest* y la australiana *Interior Architectute & Design*. Su trabajo es solicitado por los más prestigiosos arquitectos: Bofill, Samsó, Arribas, etc.

He has produced a number of books on architecture for the German publisher Taschen. He concentrates on architecture, interior design and fashion, contributing to the leading Spanish and international magazines, including *Blueprint, Wind, Architectural Digest and the Australian Interior Architecture and Design*, and working for the most prestigious architects: Bofill, Samsó, Arribas, etc.

Tavisa (Jordi Todó)
Compañía de Servicios Aéreos.
Villa, 5. Tel. 93 6747804

Especializada en fotografía aérea, esta empresa tiende a trabajar habitualmente para organismos públicos y proyectos de gran envergadura y dimensiones, aunque sus servicios también son solicitados por el mundo editorial, con el que colabora asiduamente.

Specializing in aerial photography, this company works mostly for public bodies and on large-scale projects, although Todó's services are also much in demand in the publishing sector, to which he is a regular contributor.

MAQUETAS Y PROTOTIPOS
MODELS AND PROTOTYPES

Cinto Casals
Sardenya, 273, 3°. Tel. 93 2070999

Realiza maquetas de trabajo y presentación de arquitectura, urbanismo e interiorismo con ayuda del ordenador, convenientemente equipado con escáner, cámara de vídeo e impresora digital.

He produces working and presentation models for architecture, urbanism and interior design using CAD, and is currently equiped with a scanner, video camera and digital printer.

Naxo Farreras
Giriti, 5. Tel. / fax 93 3102189

Desde 1987, este taller se dedica por completo a la realización de maquetas para arquitectos, diseñadores, inmobiliarias y constructoras.
Since 1987 this studio has been exclusively dedicated to the creation of models for architects, designers, estate agents and construction firms.

Josep Llorens
Mallorca, 521. Tel. 93 4354880

Mientras haya planos, él siempre realizará todo cuanto le pidas, en la más pura artesanía y aplicando cualquier clase de material.
If you've got the drawings, Llorens will make up whatever you ask him for in any material, with supreme craftsmanship.

Malbertí
Montecasino, 6. Tel. 93 2016570

Lluscà, Benedito, Morillas, Correa y Milá y muchos otros, encargan sus maquetas y prototipos a esta pequeña empresa, especializada principalmente en plástico.
Lluscà, Benedito, Morillas, Correa and Milá any many more come to this small specialist firm, which works mainly in plastic, for their models and prototypes.

Models Barna S.L.
San Salvador, 107, bajos 5.
Tel. 93 2135788

Una gran infraestructura para la realización de todo tipo de maquetas y prototipos. Trabajan para organismos oficiales y profesionales de elite.
With all the infrastructure to construct models and prototypes of every kind, Models Barna work for official bodies nd leading professional clients.

Tort i Arnau
Setantí, 5-7, bajos. Tel. 93 2045765

Metacrilato y madera para maquetas de arquitectura en su mayoría. Ayun-

tamientos, diputaciones y arquitectos son sus principales clientes.
Employing perspex and wood, mainly for architectural models, their principal clients are city councils and local government.

REVISTAS DE ARQUITECTURA Y DISEÑO
ARCHITECTURE AND DESIGN MAGAZINES

2G
Editorial Gustavo Gili, S.A.
Rosselló, 87-89
08029 Barcelona
Tel. 93 3228161 / fax 93 3229205

Buró Actual. Oficina integral
MTM Editores
Margarit, 40, bajo 1
08004 Barcelona
Tel. 93 4432218 / fax 93 4432953

Casa Viva
M C Ediciones
Passeig Sant Gervasi, 16-20
08022 Barcelona

Creativity News
Ceene Editorial, S.A.
Balmes, 297, 3° 2ª A
08006 Barcelona
Tel. 93 4145483 / fax 93 4140164
Director: Albert Isern

Impressions Paral·leles
Ed. Escola Massana
Hospital, 56
08001 Barcelona
Tel. 93 4422000 / fax 93 4417844

ON Diseño
Travessera de Dalt, 82
08024 Barcelona
Tel. 93 2191404 / fax 93 2192902
Directora: Carmen Llopis

Quaderns d'Arquitectura
Col·legi d'Arquitectes de Catalunya
Pl. Nova, 5
08002 Barcelona
Tel. 93 3015000 / fax 93 4120068
Director: Manuel Gausa

Temes de Disseny
Servei de Publicacions ELISAVA
Plaça de la Mercè. Ample, 11-13
08002 Barcelona
Tel. 93 3174715 / fax 93 3178353

Tel. 93 2541250
Director: Marcel Benedito

SERVICIOS PROFESIONALES
PROFESSIONAL SERVICES

Asociaciones
Associations

FAD (Fomento de las Artes Decorativas)
Agrupación de Diseñadores Industriales (ADI/FAD) / Asociación Interdisciplinaria de Diseño del Espacio (ARQ/INFAD) / Agrupación de Diseñadores Gráficos (ADG/FAD).
Pl. dels Àngels, 5-6

Asociación de diseñadores Profesionales (ADP)
València, 560-562, 2° 3ª.
Tel. 93 2658646 / fax 93 2658646

Barcelona Centro de Diseño Industrial-Fundación (BCD)
Diagonal, 452, 5°.
Tel. 93 2182822 / fax 93 2372219

Col·legi d'Arquitectes de Catalunya
Pl. Nova, 5.
Tel. 93 3015000 / fax 93 3186029

Copisterías
Copy shops

Artyplan
Muntaner, 237 / Avenir, 42.
Tel. 93 2008799 / fax 93 2002324
Viladomat, 193.
Tel. 93 2267176 / fax 93 2262434
Muntaner, 283.
Tels. 93 2009682 / 93 2012152
fax 93 2096993

Es una de las copisterías que ofrece mayor variedad de servicios y tecnología más avanzada, con personal altamente especializado: reproducción de color, planos, impresión digital Docutec, fotocopias... y con servicio de recogida y entrega a domicilio.
This copy shop is one of the leaders in variety of services and state-of-the-art technology, with highly trained staff: colour reproduction, plans, Docutec digital printing, photocopying... plus door-to-door collection and delivery.

Miracle
Rector Ubach, 10. Tel. 93 2008544
Rector Ubach, 5. Tel. 93 4142926
Pg. Sant Joan, 57. Tel. 93 2655294
Doctor Joaquim Pou, 2.
Tel. 93 3171226

Reproducciones de planos, fotocopias blanco y negro y color, encuadernación de proyectos, imprenta y serigrafía, copias en papel directas de disquette, servicio de autoedición y escáner, módem BBS, Plotter blanco y negro y color. Un local frecuentado por todos los arquitectos y profesionales.
Reproduction of plans, black & white and colour photocopies, binding of projects, offset and screen printing, paper copies direct from floppy disc, desktop publishing and scanning, modem BBS and plotting in black & white and colour. Miracle is used by just about all of the city's professional architects and designers.

Reprocopy
Consell de Cent, 315.
Tel. 93 4878726
Brasil, 37. Tel. 93 4902700

Fotocopias color, fotocopias blanco y negro, ampliaciones y reducciones, autoedición, encuadernación de proyectos. Ofrecen todo tipo de servicios en copistería, reproducción del color y preimpresión digital.
Colour and black & white photocopies, enlargement and reductions, desktop publishing and project binding: the complete range of copy services, colour reproduction and digital drafting and layout.

Quality impres
Av. Arístides Maillol, 17, local 10-11.
Tel. 93 4498760

Todo tipo de copias, color, blanco y negro, encuadernaciones, espiral, canonet, etc. Especialistas en producción de material gráfico de cursos, seminarios, congresos y manuales de formación. Tienen un servicio de recogida y entrega gratuita, sólo en Barcelona.
Copies of all kinds in colour and black & white, spiral and spine binding, etc. Specialist in producing graphic material for courses, seminars, congresses and training manuals, they operate a free pick-up and delivery service inside Barcelona.

SERVICIOS FOTOGRÁFICOS
PHOTOGRAPHIC SERVICES

Còpia
Provença, 215, pral. Tel. 93 2157520

Laboratorio fotográfico de blanco y negro, que se distingue por su hacer artesanal. Altísima calidad de revelado y ampliaciones. Frecuentado por fotógrafos profesionales de diversos campos.

A black and white photography laboratory set apart from the competition by their craftsmanly approach, and the exceptional quality of their developing and enlarging. Frequented by professional photographers from a variety of fields.

Dups
Gran Via. 692. Tel. 93 2650096

Laboratorio profesional frecuentado por fotógrafos de moda, arquitectura, etc. Abierto en 1997, realiza todo tipo de revelados y trabajos de color. Su situación en la parte más baja del Ensanche barcelonés, cercana al casco antiguo, es un indicador más de la revitalización y redescubrimiento de toda esta atractiva zona de la ciudad.

A professional laboratory frequented by photographers of fashion, architecture, etc. Opened in 1997, they do all kinds of developing and printing in colour. Their location in the lower section of the Barcelona Eixample, close to the historic city centre, is yet another indicator of the revitalization and "rediscovery" of this attractive part of the city.

Egm
Prats de Molló, 20. Tel. 93 2016388

Tratamientos electrónicos, escaneados, filmado fotográfico, retoque por ordenador, procesos positivos-negativos, fotoacabados en blanco y negro. El horario es continuo de 9 a 19, de lunes a viernes.

Electronic image treatments, scanning, photographic filming, computer retouching, positive-negative processes, special black & white finishes. Open Monday to Friday from 9 am through to 7 pm without closing for lunch.

Manual Color
Rocafort, 215. Tel. 93 4103401

Uno de los siete mejores laboratorios de Europa. Realizan todo tipo de trabajos en color y casi en exclusiva para profesionales. Está provisto del más moderno equipo técnico así como de personal especializado.

One of Europe's top seven laboratories, they carry out work in colour of every kind, working almost exclusively for professionals, equipped with the most modern technologies and specialized personnel.

24 x 30
Santaló, 126.
Tels. 93 2022862 / 93 2093643
Diagonal, 439. Tel. 93 2015650
Mandri, 24. Tel. 93 4175277

Para profesionales y aficionados, estos laboratorios del color realizan desde copias de cine a vídeo hasta fotos carnet al instante. Copias manuales y automáticas, revelado de diapositivas, copias a papel y trabajos especiales. Abierto de 9 a 20 h sin interrupción, y sábados de 9,30 a 14 h.

These colour laboratories cater to professionals and amateurs alike, with services which range from transferring cine film to video to providing a passport photo while you wait, plus automatic and manual copying, slide developing and making paper prints, special commissions, and so on. Open from 9 am until 8 pm without a break; Saturday from 9.30 am to 2 pm.

Zebra
Vallmajor, 15. Tel. 93 2097944

Laboratorio de fotografía en blanco y negro. Ampliaciones automáticas y manuales, virajes en color sepia y azul. Realizan trabajos especiales con un recargo del 50 por ciento.

A black and white photography laboratory offering automatic and manual enlargement, printing from slides and toning in sepia and blue, they also take on special commissions for a 50% surcharge.

SERVICIOS DE GUÍA
GUIDE SERVICES

B.arch-guías de arquitectura
Tel. 93 2213625.
e-mail: geilinger a compuserve.com

Servicio creado por un grupo de arquitectos y profesores de arquitectura suizos que viven y trabajan en Barcelona desde hace años. Las visitas se realizan principalmente en alemán, pero también se pueden pedir en inglés y castellano. Los itinerarios se elaboran a medida del grupo, desde más especializados a más generales, y se llevan a cabo en el medio de transporte que elijan (a pie, bicicleta, autocar...). Entre algunos de sus itinerarios figuran los titulados: Modernismo: De Gaudí a Domènech i Montaner; GATPAC&Grup R: Antes, durante y después de Franco; La ciudad crece desde dentro: Evolución urbanística y nuevos proyectos en el casco antiguo; o *Terrain vague:* Desconocidos alrededor de la ciudad.

A service set up by a group of Swiss architects and architecture tutors who have been living and working in Barcelona for a number of years. The visits are generally conducted in German, but can also be in English or Castilian if desired. The itineraries are tailored to suit the interests of the group, from the most specialized to the most general, and the mode of transport is also open to choice (on foot, by bicycle, by coach...). The different itineraries on offer include, among others: *Modernisme:* From Gaudí to Domènech i Montaner; GATPAC & Grup R: Before, during and after Franco; The city grows from the inside: Urbanistic evolution and new projects in the historic city centre; or Terrain vague: Unknown sites around the city.

PINTURAS ESPECIALES
TROMPE L'OEIL
TÉCNICAS DE PINTURA PARA PAREDES Y MUEBLES
SPECIAL PAINTING
TROMPE L'OEIL
PAINTING TECHNIQUES FOR WALLS AND FURNITURE

Arts & Claus
Via Augusta, 90
08006 Barcelona
Tel. 93 4159663 / fax 93 2922177

Penélope Chilvers
Tel. 93 6741720

Stencyl
Diagonal, 401, át. 3°
08008 Barcelona
Tel. 93 4154082 / fax 93 2372522

Concha Cerveró
Can Basseda, 40

08017 Barcelona
Tel. 93 4069280

Sandra Salvat
Gosol, 11, 2° 2ª
08017 Barcelona
Tel. 93 2055114 / fax 93 4177248

Víctor Pérez-Porro
Pellaires, 30-38. Palo Alto
08019 Barcelona
Tel. 93 2660571

VARIOS
VARIOUS

Alquiler de smoking
Dress hire
Smoking
Diagonal, 523. Tel. 93 4191502

Alquiler de motos
Motorcycle rental
Vanguard
Londres, 31. Tel. 93 4393880

Alquiler de servicios de mesa y camareros
Catering staff hire
Tot hosteleria
Torrent de l'Estadella, 40-42.
Tel. 93 2781506

Comidas a domicilio
Home delivery meals
China FastFood
Tels. 93 4503000 / 93 4902688

La Flauta a casa seva
Tel. 93 4515555

Natural Express
Tel. 93 4419635

Olé Desayuno
Tel. 93 2000105

Tijuana Express
Tel. 93 4340505

Fiestas y Banquetes
Parties and banquets
Merce's
Diagonal, 539. Tel. 93 4394482

Semon
Ganduxer, 31. Tel. 93 2016508

Vilaplana
Francesc Pérez y Cabrera, 19.
Tel. 93 2011883

ESTUDIOS DE DISEÑO Y ARQUITECTURA/SUGERENCIAS
DESIGN AND ARCHITECTURE STUDIOS/SUGGESTIONS

Roser Amadó/Lluís Domènech
Aribau, 152, 2° 2ª. 08036 Barcelona.
Tel. 93 2182308

A este equipo de arquitectos se debe la reforma del edificio que alberga la Fundaciò Antoni Tàpies –instalada en la antigua editora Montaner i Simón, ejemplar del modernismo temprano de Domènech i Montaner–, y también la idea de coronar el edificio con una escultura del artista. Son Premio Nacional de Urbanismo por sus intervenciones en el centro histórico de Lleida y entre sus últimas obras están el Archivo de la Corona de Aragón y un edificio puerta en la Villa Olímpica. Lluís Domènech es autor del Plan de Museos del Ayuntamiento de Barcelona.

This team of architects is responsible for the refurbishment of the building which now houses the Fundació Antoni Tàpies, the early *Modernista* Montaner i Simón publishing works by Domènech i Montaner, and for the idea of crowning the facade with a sculpture by Tàpies himself. They won Spain's Premio Nacional de Urbanismo prize for their interventions in the historic centre of Lleida, and amongst their recent works are the Arxiu de la Corona de Aragó and one of the gateway buildings in the Olympic Village. Lluís Domènech also drew up Barcelona City Council's master plan for museums.

Antoni Arola
Lope de Vega, 106. 08005 Barcelona
Tel. 93 2455182.

En 1994 fundó su propio estudio, donde desarrolla proyectos de diseño industrial, interiorismo y montajes efímeros. Su experiencia anterior, y los trabajos realizados en los últimos cinco años, han situado su nombre junto a los consagrados del diseño barcelonés. Entre sus proyectos de interiorismo figuran la nueva terminal de Transmediterránea en Barcelona, la cadena de tiendas Mit-Mat Mama o la galardonada charcutería-café Mos. Actualmente colabora con firmas nacionales y extranjeras. Entre sus realizaciones están una colección de sillas para Andreu World, muebles para Disform, lámparas para Santa&Cole, envases de colonia para Armand Basi, alfombras para Nani Marquina, o una línea de hornos de cocina para Balay. En 1999 su serie de lámparas "Ishi-doro-dojo" para Metalarte mereció un Delta de Plata ADI-FAD.

In 1994 he set up his own studio, where he develops projects for industrial and interior design and montages for temporary events. His earlier experience, and the work he has produced over the last five years, have placed his name alongside those of the leading lights of Barcelona design. His interior design projects include the new Transmediterránea ferry terminal in Barcelona, the chain of Mit-Mat Mama shops and the award-winning café-delicatessen Mos. He is currently working with a number of Spanish and foreign firms. Among his past successes are a collection of chairs for Andreu World, furniture for Disform, lamps for Santa&Cole, eau-de-cologne bottles for Armand Basi, carpets for Nani Marquina and a line of domestic cookers for Balay. In 1999 his "Ishi-doro-dojo" range of lamps for Metalarte won him an ADI-FAD Delta de Plata prize.

Alfredo Arribas
Balmes, 345, 1° 2ª. 08006 Barcelona.
Tel. 93 4173337

Arribas, que en 1988 representó a España en la categoría de Jóvenes Arquitectos Europeos dentro de la II Bienal de Barcelona, se hizo muy conocido a raíz de sus espectaculares interiores para bares, discotecas o espacios lúdicos con la colaboración de creadores como Mariscal. Las Torres de Ávila, o El Clik dels Nens en el Museo de la Ciencia son algunos ejemplos. Su trabajo se ha visto reconocido en repetidas ocasiones con premios como el FAD, el Ciudad de Barcelona o el Quaternario 90 (Premio Internacional a la Innovación Tecnológica en Arquitectura). En el 92 llevó a cabo los escenarios y elementos arquitectónicos para las ceremonias de inauguración y clausura de los JJ.OO. de Barcelona. Su proyección internacional le ha llevado a realizar distintos centros y espacios de recreo en Japón, China, Alemania e Italia. Durante los últimos años su actividad incluye diseño de mobiliario para las principales firmas españolas.

Arribas, who in 1988 represented Spain in the Young European Architects category at the II Bienal de Barcelona, has become very well known thanks to his spectacular interiors for bars, discotheques and other recreational spaces in colaboration with creative artists such as Mariscal –the Torres de Avila night club nd the Clik dels Nens space in the Museu de la Ciència are two examples. His works has gained recognition on numerous occasions in the form of prizes such as the FAD, the Ciutat de Barcelona and the Quaternatio 90 (International Award for Technological Innovation in Architecture). In 1992 he designed the stages and other architectural elements for the opening and closing ceremonies of the Barcelona Olympics. His international reputation has brought him commissions for recreational spaces in China, Japan, Germany and Italy. In recent years he has also designed furniture for leading Spanish manufacturers.

Jaume Bach/Gabriel Mora

Jaume Bach. Herzegovina, 24, 1°1ª. 08006 Barcelona. Tel. 93 2002911
Gabriel Mora. Herzegovina, 24, pral.1ª. 08006 Barcelona. Tel. 93 4147720

Hasta 1998 han trabajado como equipo. Iniciaron su colaboración en 1976 y desde entonces comparten un amplio campo de intereses que va desde el diseño urbano hasta el de objetos. Han merecido premios FAD en las categorías de Arquitectura, Interiorismo y Re-

habilitación. La Estación Expo 2000 en Hannover o la remodelación del barrio de Spreeinsel en Berlín son algunos de los concursos internacionales en los que han participado por invitación. Entre sus obras destacan las Cavas Raventós en Sant Sadurní d'Anoia, el Estadio Olímpico de Hoquey de Terrassa y la Central Telefónica Villa Olímpica de Barcelona.

They worked as a partnership until 1998. The two started working together in 1976, and since then have shared a wide range of professional interests, from urban design to product design, and have won FAD prizes in the categories of Architecture, Interior Design and Rehabilitation. The Expo 2000 Station in Hanover and the remodelling of the Spreeinsel district of Berlin are amongst the international limited competitions for which they have been invited to submit projects. Of note amongst their works are the Cavas Raventós winery in Sant Sadurní d'Anoia, the Olympic Hockey Stadium in Terrassa and the telephone exchange for the Olympic Village in Barcelona.

Ramón Benedito

Balmes, 360, 3° 2ª. 08006 Barcelona.
Tel. 93 2125959

Diseñador industrial consagrado al campo de la tecnología, la ciencia y la maquinaria industrial. Ha diseñado teléfonos y ordenadores como la gama Sistema 8.000 para Vieta, altavoces y amplificadores, el interactivo Xip para Rank Xerox, etc. Premio del Ministerio de Industria y Energía e Innovación Tecnológica 1982, por la pantalla acústica B-10.000. Miembro fundador del grupo Transatlántic, dedicado a la experimentación, con la serie de "muebles sensuales" y "mobili eterni". Delta de Plata 1986 por el taburete "Frenesí". En 1992 se le concedió el Premio Nacional de Diseño por el conjunto de su trayectoria profesional.

A product designer greatly revered in the field of high technology and advanced industrial equipment, Benedito has designed telephones and computers such as the system 8000 range for Vieta, amplifiers and loudspeakers, an interactive chip for Rank Xerox, etc. He won the Ministry of Industry and Energy's Technological Innovation award in 1982 for the B-10,000 acoustic baffle. He is a founder-member of the Transatlàntic group, dedicated to experimentation, producer of "sensual furniture" and "mobili eterni". FAD Delta de Plata 1986 for the Frenesí stool. In 1992 was awarded the Premio Nacional de Diseño for his outstanding life-long contribution to design.

Gemma Bernal/Ramón Isern
Alberes, 17. 08017 Barcelona.
Tel. 93 4069286

Forman tándem desde 1968. Con más de un centenar de productos en su haber, trabajan para firmas como el Grupo T, BD y Disform. Han recibido premios en el Concurso Nacional de Diseño del Mueble de Valencia en tres convocatorias. En la última edición del SIDI, 1997, presentaron la silla "Ágora" producida por Sellex, diseño de complementos para oficinas, Vilagrasa, y sistemas de iluminación para B-lux.

In partnership since 1968, with more than a hundred products to their credit, they work for firms such as Grupo T, B.D. and Disform, and have won prizes in the Spanish National Furniture Design Competition in Valencia on three occasions. At the last SIDI trade fair in 1997 they presented their "Agora" chair, manufactured by Sellex, the Vilagrasa range of office accessories and lighting systems designed for B-lux.

Ramón Bigas
Canet, 21. 08017 Barcelona.
Tel. 93 2053147

Se dedica al diseño desde 1958. Desde entonces ha realizado gran número de trabajos en el ámbito industrial, en interiorismo y exposiciones. En la década de los 80 fundó junto con Pep Sant el estudio Associate Designers, de donde salieron proyectos como el Tren de Alta Velocidad AVE, o el Pebetero de los JJ.OO. de Barcelona. Entre sus clientes, además de Renfe, figuran Telefónica, Construcciones Aeronáuticas y el Instituto Nacional de Industria. Ha recibido distintos premios nacionales e internacionales como el Delta de Oro ADI/FAD, el Oscar Europeo de iluminación, o el First Price Accent of Design. Actualmente dirige su propio estudio, y compagina su actividad de diseñador industrial con la escultura. Desde 1995 es presidente del Fomento de las Artes Decorativas (FAD).

A professional designer since 1958, he has created a great number of projects in industrial design, interior design and exhibition design, and in the 80s

co-founded the Associate Designers studio with Pep Sant. His projects include the AVE high-speed train and the dish for the Olympic flame for the Barcelona Games, and his clients include not only RENFE but Telefónica, Construcciones Aeronáuticas and the Instituto Nacional de Industria. He has received a number of Spanish and international awards, such as the ADI/FAD Delta de Oro, the European Oscar for lighting and an Accent of Design First Prize. He currently runs his own studio, and combines his work as an industrial designer with sculpture. Since 1995 he has been President of the Fomento de las Artes Decorativas (FAD).

Ricardo Bofill
Av. Indústria, 14, bajos.
08960 Sant Just Desvern (Barcelona).
Tel. 93 4734626

El Taller de Arquitectura de Ricardo Bofill se aloja en una antigua fábrica de cemento rehabilitada donde el inspirado diálogo de espacios, entradas de luz y jardinería da a la colosal construcción aires de catedral del siglo XX. Desde aquí y desde su sede parisina, el célebre arquitecto lleva a cabo proyectos de urbanismo, equipamientos públicos, viviendas y oficinas, en todo el mundo. Entre las distinciones honoríficas destacan la de miembro honorario del American Institute of Architects. Sus obras más recientes son el Marché Saint Honoré en París, el Aeropuerto de Barcelona, y el Teatre Nacional de Catalunya.

Ricardo Bofill's Taller de Arquitectura is situated in a refurbished cement factory, where the inspired dialogue of spaces, light openings and landscaping gives the colossal complex the character of a 20th century cathedral. Working between here and his Paris office, this truly famous architect —whose distinctions include honorary membership of the American Institute of Architects— produces projects for urban design, street furniture, public buildings, offices and housing for clients all over the world. Amongst his most recent works are the Marché Saint Honoré in Paris, Barcelona Airport and the Theatre Nacional de Catalunya.

Esteve Bonell
Còrsega, 288, 1° 2ª. 08008 Barcelona.
Tel. 93 2373212

Una de sus obras más conocidas es el Velódromo de Horta por el que recibió uno de los varios Premios FAD con los que se ha reconocido su trabajo. En el 92 fue galardonado con el Premio Europeo de Arquitectura Mies van der Rohe por el Palacio de Deportes de Badalona, único español que lo ha recibido por el momento. Y en 1995 el Premio Ciudad de Barcelona, con la obra del Hotel Citadines en la Rambla.

One of Bonell's most well-known works is the Velòdrom cycle track in Horta, for which he received one of his several FAD prizes. In 1992 he was awarded the Mies van der Rohe European Architecture Prize for his sports complex in Badalona —he is the only Spanish architect to win the prize to date— and in 1995 he received the Ciutat de Barcelona prize with his Hotel Citadines on the Rambla.

Pep Bonet
Pujades, 63, 1°. 08005 Barcelona.
Tel. 93 4855494

En 1964 Bonet creó junto con Cirici, Clotet y Tusquets el Studio Per, despacho de diseño del que han salido multitud de piezas ya clásicas. Es socio fundador de BD Ediciones de Diseño y ha obtenido varios premios Delta así como distintos FAD de Interiorismo por proyectos llevados a cabo con Cristian Cirici. Entre sus diseños están: la farola urbana realizada en colaboración con Miguel Milá para Polinax, la mesa "Sevilla" junto con Cirici, la "Catenaria", el paragüero "Barcelonés", el espejo "Triptic" y el cenicero "Barraquer".

In 1964 Bonet set up —together with Cirici, Clotet and Tusquets— Studio Per, from which a multitude of now classic designs duly emerged. A founder member of B.D. Ediciones de Diseño, he has received a number of Delta awards as well as several FAD Interior Design prizes for projects carried out jointly with Cristian Cirici. Bonet's design collaborations include a lamppost for Polinax with Miguel Milá and the Sevilla table with Cirici. Individually he is the creator of the "Catenaria", the "Barcelonés", umbrella stand, the "Triptic" mirror and the Barraquer ashtray.

Manuel Brullet
Av. Coll del Portell, 52-54.
08024 Barcelona. Tel. 93 2105301

Una de sus obras más conocidas y aplaudidas es el Hospital del Mar de Barcelona. Brullet es desde 1994 subdirector de la Escuela Técnica Superior de Arquitectura de Barcelona. Ha ganado diferentes premios y concursos nacionales e internacionales: el premio Puig y Cadafalch, el FAD; y ha sido finalista del premio Mies van der Rohe de la CEE, y primer premio para la construcción de un Hospital en Berlín, en 1995.

One of Brullet's best known and most applauded works is the Hospital del Mar in Barcelona. Since 1994 he has been deputy director of the ETSAB architecture school in Barcelona. He has won a number of awards and design competitions in Spain and internationally, amongst them the Puig i Cadafalch prize and the FAD; he has been a finalist for the EU's Mies van der Rohe architecture award, and he won first prize in 1995 with his hospital in Berlin.

Juli Capella
Casp, 108, 5°. 08010 Barcelona
Tel. 93 2651369

Asociado a Quim Larrea desde 1982 hasta 1997, año en el que funda el estudio Capella Arquitectura & Design. Su inquietud y su pasión por la arquitectura y el diseño le llevan a trascender el puro ejercicio de ambas disciplinas para convertirse además en teórico, comunicador y creador e impulsor de numerosos eventos, como la Primavera del Disseny a Barcelona y exposiciones como Diseño Industrial en España en el MNCA Reina Sofía (Madrid, 1998), entre muchas otras. Ha sido creador y director de las revistas *De Diseño* (1984) y *Ardi* (1988.1994) y desde 1995 es responsable de la sección de diseño de *Domus*. Es autor y coautor de libros como *Diseño de Arquitectos de los 80* y *Nuevo diseño español*, entre otros. De su faceta como arquitecto y urbanista destacan la discoteca Pachá y el paseo Marítimo de la playa de Pineda, ambas en Vilaseca, el centro comercial y de ocio Zig Zag en Murcia y un centro lúdico en Can Dragó, Barcelona.

In partnership with Quim Larrea from 1982 until 1997, the year he set up the Capella Arquitectura & Design studio, his tireless energy and his passion for architecture and design have led him beyond the pure exercise of the two disciplines to become, in addition, a theorist, a communicator and the creator and promoter of numerous events, including Barcelona's biennial

Design Sring and exhibitions such as *Industrial Design in Spain* at the MNCA Reina Sofía (Madrid, 1998) amongst many others. He launched and edited the magazines *De Diseño* (1984-) and *Ardi* (1988-1994), and since 1995 has been in charge of the design section of *Domus*.

He has written or co-written books such as *Diseño de arquitectos de los 80s* and *Nuevo Diseño Español*, amongst others. Of note in his output as an architect and urban designer are the Pachá discotheque and the seafront promenade on the Pineda beach, both in Vilaseca, the Zig Zag shopping and leisure centre in Murcia and Can Dragó recreational centre in Barcelona.

Cinnamond/Torrentó/Sala

Diagonal, 437, pral.2.
08036 Barcelona. Tel. 93 2004107

Siguiendo la línea de Coderch y Pratmarsó, las obras de Norman Cinnamond tienen siempre un marcado acento de refinamiento y buen gusto, alcanzando su máximo grado de expresión cuando se trata de viviendas unifamiliares, como las proyectadas en distintos puntos de la costa catalana. Entre sus últimas realizaciones están la ampliación del Palau de les Heures, que alberga una escuela universitaria de posgraduados, el conjunto residencial en Port Ginesta, el edificio del Club Náutico de Garraf, el interiorismo para la cadena de tiendas Mango o la reforma de la librería-salón de té Happy Books de la calle Provenza.
En 1996 y 1997 ha sido Presidente del jurado del los premios FAD e IBERFAD de Arquitectura e Interiorismo. Desde 1997 Cinnamond trabaja asociado con los arquitectos Carlos Torrentó y Antoni Sala.

Pursuing a line similar to that of Coderch and Pratmarsó, Norman Cinnamond's works are characterised by their consistent display of refinement and good taste, which reach their highest expression in private houses such as those he has built on various parts of the Catalan coast. Amongst his most recent commissions are the extension to the Palau de les Heures, which houses the postgraduate school of the Universitat de Barcelona, the Port Ginesta residential complex, the Club Nàutic del Garraf building, the interior design scheme for the Mango chain of clothes shops, and the remodelling of the Happy

Books bookshop-cum-tearoom in carrer Provença.
In 1996 and 1997 he was chairman of the jury of the FAD and IBERFAD architecture and interior design prizes. Since 1997 he has worked in partnership with the architects Carlos Torrentó and Antoni Sala.

Cristian Cirici/Carlos Bassó

Pujades, 63 2º. 08005 Barcelona.
Tel. 93 4854752

Inició su carrera profesional como miembro del Studio Per en 1965. Tras la disolución del renombrado grupo, y desde 1988 comparte despacho con Carlos Bassó. Su actividad de arquitecto la ha compaginado con la de diseñador industrial, esta última siempre ligada a la editora de diseño BD, empresa de la que es uno de los socios fundadores. Su mesa "Sevilla" ostenta un Delta de Oro de los Premios FAD. Entre sus trabajos de restauración y ampliación destacan el Museo de Zoología de Barcelona, y la rehabilitación de la casa Thomas, edificio modernista que es la sede de BD. Por ella recibió el Premio Nacional de Restauración en 1979. Entre sus proyectos actuales está el centro comercial y de oficinas el Triangle, en la Plaza Cataluña de Barcelona.

Cristian Cirici started off his career as a member of Studio Per in 1965, and when that famous team split up he set up an office with Carlos Bassó in 1968. He combines his activity as an architect with industrial design, working for the B.D. company, of which he is one of the founding partners. His Sevilla table won a FAD Delta de Oro prize. His refurbishment and extension schemes include Barcelona's zoology museum and the rehabilitation of the Casa Thomas, the *Modernista* building which is home to B.D., which won him the National Prize for Restoration in 1979. Amongst his current projects is the Triangle office building on the Plaça Catalunya in Barcelona.

Lluís Clotet/Ignacio Paricio

Pujades, 63, 3ª. 08005 Barcelona.
Tel. 93 4853625

Forman equipo desde 1984 y entre sus obras conjuntas son remarcables las viviendas para la Vila Olímpica de Barcelona, la piscina municipal de Badalona o el Palacio de los deportes de

Granada. El nombre de Clotet está ligado en sus inicios profesionales al innovador Studio Per, del que fue miembro junto con los arquitectos Bonet, Cirici y Tusquets. Destaca su trayectoria en el diseño de muebles y objetos, tanto para la empresa BD de la que es socio fundador, como para firmas internacionales como Zanotta, Alessi, o Driade. Varios de sus diseños han merecido el Delta de Oro y pueden verse en colecciones como la del MOMA de Nueva York, el Centro de Creación Industrial del Pompidou de París, o el Museo de Arquitectura de Frankfurt.

They have been partners since 1984. Of note amongst their joint commissions are an apartment building in the Olympic Village in Barcelona, the municipal swimming pool in Badalona and a sports complex in Granada. Clotet's early years in the profession are bound up with the innovative Studio Per, in which he was a partner together with the architects Bonet, Cirici and Tusquets. A key place in his career is occupied by his designs for furniture and objects, not only for B.D., of which he was one of the founders, but for prestigious foreign manufacturers such as Zanotta, Alessi and Driade. Several of his designs have won Delta de Oro awards, and can be seen in collections such as those of the MOMA in New York, the Centre de Création Industrielle at the Pompidou Centre in Paris or the Museum of Architecture in Frankfurt.

Federico Correa/Alfonso Milá

Pl. Sant Jaume, 2 pral.
08002 Barcelona. Tel. 93 3178062

En sus inicios trabajaron al lado de Coderch y Valls, junto a quienes diseñaron la famosa chimenea "Capilla", Delta de Oro 1964. En su despacho, situado en la plaza en la que se encuentran el ayuntamiento y la Generalitat frente a frente, desarrollan el conjunto de sus proyectos que abarcan también obras de interiorismo. Tiendas como Conti o Furest, restaurantes como Reno, Flash Flash, Giardinetto Notte, la discoteca Up&Down, o el Golf del Prat, llevan su sello inconfundible. Tienen varios FAD de Interiorismo y el de Arquitectura por el edificio Atalaya. Correa fue presidente del ADI/FAD entre 1976 y 1979. Ganadores del Concurso Internacional del Anillo Olímpico, realizaron la remodelación del Estadio junto con Gregotti.

They started out working with Coderch and Valls, with whom they designed the famous Capilla fireplace, which won the Delta de Oro in 1964. Their office, overlooking the square on which the City Council and the Generalitat face one another, carries out projects for architecture and interior design. Shops such as Conti and Furest, restaurants such as the Reno, Flash Flash and the Giardinetto, the Up & Down discotheque and the Prat golf club all bear their unmistakable stamp. They have won a number of FAD awards for their interior design, and an architecture FAD for their Atalaya building. Correa was president of the ADI/FAD from 1976 until 1979. They won the international competition for Barcelona's Olympic Ring, and remodelled the Olympic Stadium with Vittorio Gregotti.

Pepe Cortés

Sta. Teresa, 6 1°. 08012 Barcelona.
Tel. 93 4150830

Forma parte de la primera promoción de alumnos salida de la escuela Eina de diseño, de la que luego ha sido profesor. Entre sus primeros trabajos se encuentran los proyectos para las joyerías Oriol y Cubic. Ha recibido sendos premios FAD por su trabajo para los restaurantes Azulete y Tragaluz, esta última una de sus obras de interiorismo más significativas. Tiendas como las zapaterías Tascon u Óptica 2.000 llevan también su firma. Paralelamente a su actividad como interiorista produce muebles para distintas editoras: BD, Akaba, Artespaña, Signes, Grupo T o Amat. En este ámbito ha realizado colaboraciones con Javier Mariscal, como la colección de muebles "Muy Formales".

A member of the first class to graduate from the Escola Eina design school,

at which he has since taught. Amongst his first projects were the commissions for the Oriol and Cubic jewellers' shops. He has won FAD prizes for his Azulete and Tragaluz restaurants, the latter being one of his most important interior design schemes. Shops such as those for Tascon (shoes) and Optica 2000 (opticians) also bear his signature. In parallel with his interior design activity he creates furniture for various firms, including B.B., Akaba, Artespaña, Signes, Grupo T and Amat. In addition, he has collaborated with Javier Mariscal on furniture projects such as the Muy Formales collection.

Sergi y Oscar Devesa
Av. de la Gaietana, 10.
Parc Molí d'Alella.
08328 Alella (Barcelona).
Tel. 93 5401945

Este tándem familiar creó en 1987 la sociedad de diseño industrial D&D Design, y desde muy pronto su trabajo ha sido seleccionado para formar parte de las exposiciones que han mostrado el diseño más representativo del país. Entre sus últimas creaciones en iluminación están los programas "Arqui", "Cíclope" y "Órbita", para Metalarte. Como mobiliario destaca la butaca de auditorio "Marlene" de la empresa Oken, ganadora del premio European Design Prize 1997. Sus diseños forman parte de la exposición permanente del Design Museum de Londres, y pueden verse en la colección de diseño Indus-

trial del Museo de Artes Decorativas de Barcelona.

The Devesa brothers founded the industrial design company D & D Design in 1987, and their work was very soon being selected for inclusion in the exhibitions which presented the country's outstanding creative design. Their most recent lighting systems are the "Arqui", "Cíclope", and "Orbita", programmes for Metalarte. Of note amongst their furniture designs is the Marlene auditorium chair, manufactured by Oken, which won the European Design Prize in 1997. They have designs on show in the permanent exhibition of the Design Museum in London and in the industrial design collection of the Museu de les Arts Decoratives in Barcelona.

Meritxell Duran
Carretera de Ribes,136.
08591 Aiguafreda (Barcelona)

Con estudios de Artes y Oficios, especialidad escultura, completó su formación con cursos de carpintería y taller de mobiliario en distintas escuelas de Barcelona. Su triple condición de diseñadora, ilustradora y escultora, se ve reflejada en la forma de afrontar la creación de objetos de uso cotidiano. Ha participado en un buen número de exposiciones colectivas donde la frontera entre diseño y arte se diluye. Sus piezas se producen generalmente en pequeñas series. Tal es el caso de la colección de tiradores de bronce para Camilla Hamm, la colección de alfombras La Granja para Nany Marquina, o el conjunto de objetos creados para la productora Cha-cha.

After studying Arts and Crafts, specializing in sculpture, she rounded off her training with courses in carpentry and cabinet-making in various Barcelona schools. Her triple vocation as designer, illustrator and sculptress is reflected in the way she approaches the creation of objects of everyday use. She has taken part in a considerable number of co-llective exhibitions where the boundaries between design and art have been blurred. Her pieces are generally produced in small series, as is the case with her collection of bronze handles for Camilla Hamm, her La Granja collection of carpets for Nani Marquina and the range of objects she created for the manufacturers Cha-cha.

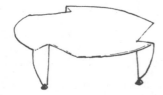

Miquel Espinet/Antoni Ubach
Camp, 63 bajos. 08022 Barcelona.
Tel. 93 4187833

Han desarrollado su trayectoria en los campos de la arquitectura pública y del diseño de interiores. Son autores del restaurante Neichel, Premio FAD, y de la remodelación y ampliación de la sala Parés, fundada en 1840, la galería de arte más antigua de Barcelona. Entre sus obras más destacadas: el conjunto de edificios deportivos de Can Dragó, los hoteles Sant Moritz en Barcelona, y la Torre del Remei en la Cerdanya, la escuela de diseño Eina, la Facultad de Medicina de Barcelona, o el edificio de control para Bodegas Torres en el Penedès.

The career of the Espinet/Ubach team has been developed in the fields of public-sector architecture and interior design. They were responsible for the FAD-winning Neichel restaurant and the remodelling of and extension to the Sala Parés, the oldest art gallery in Barcelona, founded in 1840. Other significant works include the Can Dragó complex of sports facilities, the Sant Moritz hotel in Barcelona and the Torre del Remei hotel in the Cerdanya region, the Escola Eina design school, the Faculty of Medicine and the quality control building for Bodegas Torres in the Penedès.

Franc Fernández
Tavern 11, entl. 1. 08021 Barcelona.
Tel. 93 2000542

Moisés Gallego
Trafalgar, 10, 1° 1ª. 08010 Barcelona.
Tel. 93 3192077

Han formado equipo hasta 1995. De casi dos décadas de colaboración llama la atención el gran número de primeros premios obtenidos para el desarrollo de proyectos, en concursos nacionales e internacionales, restringidos o abiertos. Entre sus trabajos más significativos están la sede del Colegio de Aparejadores de Lleida, la reforma de la Masía Cabanyes de Vilanova i la Geltrú, el Polideportivo en la Villa Olímpica o las piscinas Bernat Picornell de Barcelona. Son autores del nuevo quiosco de prensa para Barcelona.

These two worked together until 1995. What is striking about their almost two decades of partnership is the great number of first prizes their projects won in Spanish and international competitions, both open and limited. Amongst their most important works are the headquarters of the Col·legi d'Aparelladors in Lleida, the refurbishment of the Masía Cabanyes in Vilanova i la Geltrú, the sports centre in the Olympic Village and the Bernat Picornell swimming pool in Barcelona. They also designed the city's new model of news kiosk.

Carlos Ferrater
Bertrán, 67, bajos. 08023 Barcelona.
Tel. 93 2120466

Ferrater fue seguramente el arquitecto que en el 92 más metros cuadrados de su trabajo vio construirse al realizar los proyectos de las tres manzanas y jardines en la Villa Olímpica, el conjunto residencial en el Valle Hebrón, y el hotel Rey Juan Carlos I.
Además de detentar un premio FAD, ha sido Premio Nacional Construmat en tres ediciones. En el currículum de sus inicios destaca el diseño experimental de La Ciudad Instantánea, realizado con estructuras neumáticas, para el congreso del ICSID de Ibiza en 1971. Actualmente está realizando los Jardines Botánicos de Barcelona y Galicia, el Auditorio en Castellón y el Palacio de Congresos de Barcelona.

Without doubt Ferrater is the architect who built most square metres during 1992, being responsible for three city blocks and gardens in the Olympic Village, the Vall d'Hebron residential complex and the Hotel Rey Juan Carlos I. As well as a FAD prize he has also won three Construmat national prizes. Of note amongst his early achievements is the experimental project for the "Instantaneous City", composed of pneumatic structures, for the ICSID congress in Ibiza in 1971. He is currently working on two botanical gardens, in Barcelona and Galicia, the new Auditorium in Castellón and the major new Conference Centre in Barcelona.

Ricard Ferrer
Carme, 40, 2ª1ª. 08001 Barcelona.
Tel.93 3027263.

Formado como diseñador industrial, pertenece a una emergente generación de profesionales. Entre sus trabajos destacan la línea de accesorios de baño, grifería e iluminación para Cosmic, mobiliario para la casa para Matías Guarro, o la serie de mobiliario e iluminación para Almerich. Uno de sus diseños mereció el 2º Premio Feria del Mueble de Valencia 1997. En ese mismo año presentó un conjunto de piezas en la exposición *Hobjectes* en la Galería Carles Poy.

Trained as an industrial designer, Ferrer is a member of the up-and-coming generation of design professionals. Of note among his works are the line of bath accessories, taps and lighting for Cosmic, domestic furniture for Matías Guarro, or the furniture and lighting series for Almerich. One of his designs won the 2nd Premio Feria del Mueble prize in Valencia in 1997, and that same year he showed a group of pieces in the exhibition *Hobjectes* in the Gale-ría Carles Poy.

Daniel Freixes-Varis Arquitectes
Carme, 44, 2º 2ª. 08001 Barcelona.
Tel. 93 3014297

Son autores de algunos de los ejemplos del mejor diseño barcelonés, moderno y creativo, aplicado a bares y restaurantes (el desaparecido Sukursal, Premio FAD 1978; la coctelería Zsa Zsa, Premio FAD; o el bar de tapas Seltz, Premio FAD 1992).
Freixes es socio fundador junto con Vicente Miranda, Eulàlia González y Pep Anglí, de Varis Arquitectes, una cooperativa profesional con estudio multidisciplinar que trabaja en proyectos de arquitectura, interiorismo y exposiciones. Responsable entre los años 1972-1974 de exposiciones en el Colegio de Arquitectos de Barcelona, Freixes ha desarrollado junto a su equipo una prolífica trayectoria en el ámbito de los montajes efímeros. "El Dublín de James Joyce" en el CCCB, reconocido con un FAD, es uno de ellos. Entre sus obras de arquitectura recientes están el Museo del Cine en Girona, y la Facultad de Ciencias de la Comunicación de la Universidad Ramon Lull en Barcelona.
These are the people behind some of the finest examples of Barcelona design in bars and restaurants, such as the now vanished Sukursal (FAD prize 1978), the Zsa Zsa cocktail bar (another FAD prize) or the Seltz tapas bar (FAD prize 1992). Freixes, together with Vicente Miranda, Eulàlia González and Pep Anglí, is a founder of the Varis Arquitectes co-operative, a multidisciplinary studio which specializes in projects in architecture, interior design and exhibition design. In charge of exhibitions for the Col·legi d'Arquitectes de Barcelona from 1972 to 1974, Freixes has since produced (with his team of associates) a great number of designs for temporary spaces, such as the FAD-winning *James Joyce's Dublin* exhibition for the CCCB. Amongst his recent works of architecture are the Museu del Cinema in Girona and the Faculty of Communications Sciences at the Universitat Ramon Llull in Barcelona.

Beth Galí
Rambla dels Caputxins, 74, pral. 1ª.
08002 Barcelona. Tel. 93 4126878

Arquitecta urbanista, durante una década y hasta 1992 formó equipo con el arquitecto Marius Quintana, con el que realizó diversas obras; el parque del Escorxador y la biblioteca Joan Miró son algunos ejemplos. Es autora de intervenciones urbanas como el Fossar de la Pedrera y el parque del Migdia. Actualmente trabaja en la remodelación de distintos centros históricos de ciudades holandesas, así como en la construcción de un centro comercial en la ciudad de S'Hertogenbosch.
An architect and urban designer, during the decade up until 1992 she worked in partnership with the architect Màrius Quintana, with whom she carried out several works of note, including the Parc de l'Escorxador and the Joan Miró public library. She has also designed major works of landscaping, such as the Fossar de la Pedrera and the Parc del Migdia. She is currently working on the refurbishment of the historic centre of various towns in Holland, and constructing a new shopping complex in S'Hertogenbosch.

Jordi Galí
Balmes, 468, bajos. 08022 Barcelona.
Tel. 93 2115442

Interiorista y director de la tienda Tecmo, un clásico moderno de la decoración, Galí es autor de colecciones de mobiliario como "Zanzibar" y "Habana", o del proyecto de sillería para la firma Andreu World. Entre sus interiores comerciales y públicos figuran las tiendas de moda Emporio Armani, E4G, Calvin Klein. Restaurantes como La Masía en el Tibidabo, o el Little Italy de la calle Londres de Barcelona, son ejemplos de su forma de hacer.
An interior designer and boss of the Tecmo shop, one of the decoration world's modern classics, his design

achievements include collections of furniture such as Zanzibar and Habana and a seating system for the Andreu World firm. Amongst his interiors for commercial and public spaces are fashion shops for Emporio Armani, E4G and Calvin Klein, and restaurants such as La Masía on Tibidabo and Littley Italy in c/ Londres in Barcelona.

Jordi Garcés/Enric Sòria
Boqueria, 10, 1°. 08002 Barcelona.
Tel. 93 3173188

Desde 1996 trabajan de forma independiente aunque siguen compartiendo despacho. Asociados desde 1970, entre sus últimos trabajos sobresalen el cine teatro IMAX en el Port Vell de Barcelona, el Museo de la Ciencia en Santa Cruz de Tenerife, y el Hotel Plaza en Barcelona. Entre los múltiples premios recibidos destacan el Ciudad de Barcelona en el 96 por el Ágora de la Universidad Pompeu Fabra, el Gran Premio FAD de Arquitectura por el Pabellón Olímpico del Valle de Hebrón, y el Amics de la Ciutat por la restauración y reforma del Museo Picasso de Barcelona.

They have been working independently since 1996, although they continue to share an office. Partners since 1978, of note amongst their recent work are the IMAX cinema in Barcelona's Port Vell, the Science Museum in Santa Cruz de Tenerife and the Hotel Plaza in Barcelona. Their numerous awards and prizes include the Ciutat de Barcelona in 1996 for their Agora for the Universitat Pompeu Fabra, the FAD Architecture Grand Prix for their Olympic Pavilion in Vall d'Hebron and the Amics de la Ciutat award for their restoration and remodelling of the Picasso Museum in Barcelona.

Martí Guixé
Calabria, 252. 08029 Barcelona
Tel. 93 3225986

Formado en Barcelona y Milán como diseñador de interiores e industrial, en 1990 fundó su propia oficina. Ha sido consultor de diseño del Instituto Koreano de promoción de diseño industrial, y ha colaborado con diversos despachos, como el estudio Mariscal en áreas de diseño industrial y mobiliario. A partir de 1997 presenta su trabajo más experimental en las galerías H_2O, y Vinçon. Éste se caracteriza por la búsqueda de nuevos sistemas de producto, la introducción del diseño en el ámbito de la alimentación y la presentación a través de la performance; todo teñido con un tono de sana ironía. Actualmente trabaja como Techno-Gastrof y diseñador entre Barcelona y Berlín para Camper, Authentics, Alessi y Droog Design, entre otros.

Trained in Barcelona and Milan as an interior and industrial designer, he opened his own office in 1990. He has been design consultant to the Korean Institute for the promotion of industrial design, and has worked with various offices, such as the Mariscal studio, in the fields of industrial and furniture design. Since 1997 he has shown his more experimental work in the gallerys H_2O and Vinçon. This work is characterized by the search for new product systems, the introduction of design into the food sector and the use of performance for presentation, all of it leavened with a healthy dose of irony. He is currently working as Techno-Gastrof and designer between Barcelona and Berlin, for Camper, Authentics, Alessi and Droog Design, among others.

Quim Larrea
Princesa, 53. Tel. 93 3195127

Vinculado profesionalmente a Juli Capella hasta 1997. Su mutua vocación por el diseño y la arquitectura ha dado como fruto desde proyectos editoriales como las revistas De Diseño y Ardi hasta interiorismo como el club Círculo Condal, pasando por logotipos como el del bar Velvet, productos para Alessi y libros como Nuevo diseño español. Quim Larrea ejerce una continuada labor de teórico desde plataformas como la docencia, el periodismo y el comisariado de exposiciones. Entre sus últimos proyectos arquitectónicos están la ampliación del Museo de la Ciencia y la Técnica de Terrassa y la discoteca Sound Factory.

Professionally associated with Juli Capella until 1997, the pair's mutual vocation for architecture and design has been highly fruitful, ranging from publishing projects such as the magazines De Diseño and Ardi to interior design schemes such as the Círculo Condal club, by way of logos such as the one for the Velvet bar, product designs for Alessi and books such as Nuevo Diseño Español. Quim Larrea has been highly active as a theorist, working in the fields of teaching, journalism and the commissioning of exhibitions.

Amongst his most recent architectural projects are the extension to the Museu de la Ciència i la Tècnica in Terrassa and the Sound Factory discotheque.

Pilar Líbano
Rbla. Catalunya, 103, pral 1ª.
08008 Barcelona. Tel. 93 215 841

Diplomada en Arquitectura de Interiores, trabaja desde hace casi dos décadas en el mundo del interiorismo sin levantar revuelo pero con muchos aciertos. Entre éstos está su capacidad de combinar lo novedoso con lo clásico, y que todo parezca uno. Entre sus locales comerciales figuran la tienda Antonio Miró, el restaurante Little Italy en el Maremágnum, o el blanco Salero, en el Borne de Barcelona. Además de proyectos de interiorismo para viviendas, desde su despacho se ocupan del diseño de estands para ferias y de escaparates de tiendas.

A qualified Interior Architect, she has been working in the field of interior design for the last two decades without causing much of a stir but with numerous successes. One of her strengths is her skill in combining the innovative with the classic in such a way that the parts form a unified whole. Amongst her commercial interiors are the Antonio Miró shop, the Little Italy restaurant in the Maremàgnum and the white decor of the Salero in Barcelona's Born district. Her office also undertakes interior design schemes for private houses, as well as stands for trade fairs and window-dressing projects for shops.

Alberto Liévore
Pl. Ramon Berenguer el Gran, 1.
08002 Barcelona. Tel. 93 3103292

Antes de crear en 1985 su propia empresa de diseño, imagen y comunicación, este arquitecto bonaerense formó parte del Grupo Berenguer junto a Jorge Pensi, Norberto Chaves y Oriol Pivernat. En 1992 se asocia con sus colaboradores Jeannette Altherr y Manel Molina, formando el actual estudio Liévore Asociados. Reconocido sobre todo por sus diseños de muebles, en este despacho son significativos los proyectos de diseño técnico, dirección de arte y consultoría. Durante los últimos años, a los trabajos para empresas españolas se unen los realizados para Alemania, EE.UU. e Italia. El sillón "Ma-

nolete" premio Top Ten y la silla "Rothko" premio Delta Adi-FAD, –incluida en la colección del Victoria & Albert Museum de Londres– son dos ejemplos emblemáticos de su personalidad como diseñador.

Before he set up his own design, image and communications firm in 1985, this Buenos Aires-born architect was a member of the Grupo Berenguer, together with Jorge Pensi, Norberto Chaves and Oriol Pibernat. In 1992 he formed the present Lievore Asociados with his current associates, Jeannette Altherr and Manel Molina. Famed above all for their furniture designs, the team also take on a significant volume of technical design, art direction and consultancy work. In the last few years, in addition to their Spanish clients they have carried out commissions for Germany, the USA and Italy. The Top Ten award-winning "Manolete" chair and the ADI-FAD Delta-winning "Rothko" chair –to be found in the collection of the Victoria & Albert Museum in London– are two characteristic examples of Lievore's personality as a designer.

Josep Llinás
Av. República Argentina, 62, entl. 08023 Barcelona. Tel. 93 2123714

Entre sus trabajos más recientes están los proyectos de reforma y ordenación de varios museos de Barcelona: el Arqueológico, el de Historia de la Ciudad y el Marés. Su trayectoria cuenta con reconocimiento internacional y distintos premios: varios FAD, el Ciudad de Barcelona 1995, el Rehabitec del 96, etc. Destacan algunas de las restauraciones que ha realizado, como la del Teatro Metropol de Tarragona, obra modernista de Josep Mª Jujol, sobre el cual ha escrito un libro, y del Gobierno Civil de Tarragona, obra emblemática de Alejandro de la Sota.

Amongst his most recent projects are the remodelling and refurbishment of various Barcelona museums –Archaeology, History of the City and the Marés. He has won a number of Spanish and international awards and prizes: several FADs, the Ciutat de Barcelona 1995, the Rehabitec in 1996, etc. Of particular interest are some of his restoration schemes, such as those for the Teatro Metropol in Tarragona, a *Modernista* building by Josep M.ª Jujol, about whom he has writen a book, and the Gobierno Civil building, also in Tarragona, an outstanding work by Alejandro de la Sota.

Josep Lluscà
Marmellà, 4-6. 08023 Barcelona.
Tel. 93 2120218

Formado en la escuela Eina de Barcelona, pertenece a la primera generación de diseñadores industriales con formación académica y desde 1972 tiene estudio propio. Ha diseñado iluminación doméstica e industrial, mobiliario para el hogar y oficinas, equipamiento urbano, menaje, pequeño electrodoméstico, línea blanca, aparatos electrónicos y un largo etc. para empresas como Banco de Santander, Calsberg, Cassina, Driade, Escofet, Metalarte, Henkel, Flos o WMF. Ha sido galardonado con el Delta de Oro del FAD, y prestigiosos premios internacionales, en Suecia, Alemania o Estados Unidos.

Carlsberg, Cassina, Driade, Escofet, Matalarte, Henkel, Flos and WMF. He has won the FAD Delta de Oro and various prestigious awards internationally, in Sweden, Germany and the United States.

Javier Mariscal
Pellaires, 30-38. 08019 Barcelona.
Tel. 93 3033420

Bastante antes del 92 Mariscal ya era el nombre más popular del diseño barcelonés. Con un tono inconfundible y su capacidad de abarcar múltiples disciplinas (cómic, ilustración, diseño gráfico, industrial, textil, pintura, escultura, animación...), sus trabajos habían estado expuestos en los principales museos y centros de diseño europeos. Pero es a partir de esta fecha y de la mascota creada para los JJ.OO. de Barcelona, que inicia su despegue internacional, con proyectos de gran envergadura. En el 92, junto con Alfredo Arribas, diseña el área infantil Acuarinto dentro de un parque temático en Nagasaki, Japón. En el 93, la nueva imagen del partido socialista sueco. En el 94, la imagen corporativa para la empresa de Londres Frame Store. En el 96, se le adjudica la mascota de la expo Hannover 2000, Twipsy. En el ámbito del diseño de mobiliario y objetos, ha creado colecciones para Akaba, BD, Nani Marquina, Memphis, Alessi o Swatch. Entre sus últimas realizaciones está la serie de muebles para la empresa italiana Moroso.

A graduate of the Escola Eina school in Barcelona who set up his own studio in 1972, he is a member of the first generation of Spanish industrial designers to be formally trained. He has designed domestic and industrial lighting, home and office furniture, street furniture, tableware, small domestic appliances, bedding, electronic equipment and much more besides, for clients such as Banco de Santander,

Even before 1992 Mariscal was already the best-known name in Barcelona design. With his own unmistakable tone, and his ability to embrace a whole spectrum of disciplines (comic books, illustration, graphic design, industrial design, fabric, painting, sculpture, animation...), it is no surprise his work is on show in Europe's leading design museums and exhibition centres. But it was with '92, and the Cobi mascot he designed for the Barcelona Olympics that his international career really took off, with projects on the grand scale. In 1992 he designed, with Alfredo Arribas, the Aquarinth area for children in a theme park in Nagasaki, Japan; in 1993, the new logo and graphic image for the Swedish Socialist Party; in 1994 the corporate image for the London-based Frame Store. In 1996 he was invited to design the mascot for Hanover´s Expo 2000, Twipsy. Meanwhile, in the realm of furniture and objects, he has created collections for Akaba, BD, Nani Marquina, Memphis, Alessi and Swatch. Among his most recent output is a range of furniture for the Italian firm Moroso.

Nani Marquina

Bonavista, 3. 08012 Barcelona.
Tel. 93 2376465

Lo del diseño le viene de familia: su padre, Rafael Marquina, es el autor de las célebres y todavía no superadas vi-

nagreras "Marquina", premiadas con un Delta de Oro en 1961. Es un ejemplo de diseñadora que ha montado productora de diseño propia, especializándose en alfombras. Nani Marquina comercializa sus diseños y los de creadores como Mariscal, Peret, Toni Arola, Meritxell Duran, o América Sánchez.

She has design in her blood: her father, Rafael Marquina, created the justly celebrated and still unsurpassed nondrip "Marquina" oil and vinegar dispensers, which won a Delta de Oro in 1961. His daughter is a good example of a designer who has set up and runs her own production company, specializing in carpets. Nani Marquina produces her own designs and those of other creative talents, including Mariscal, Peret, Toni Arola, Meritxell Duran and América Sánchez.

Martorell/Bohigas/Mackay

Pl. Reial, 18. 08002 Barcelona.
Tel. 93 3170061

El trío MBM llamó la atención en el panorama internacional a comienzos de los 70. Múltiples edificios de viviendas distribuidos por Barcelona, y mobi-

liario urbano y doméstico han salido de su despacho. Oriol Bohigas es el nombre más conocido del equipo; ha participado desde muy joven en los movimientos de arquitectura barceloneses, formando parte en los años 50 del Grupo R, integrado por Coderch, Sostres y Antoni de Moragas, entre otros. Su faceta política como Delegado de Servicios del Departamento de Proyectos Urbanos del Ayuntamiento, ha sido clave en la recuperación y creación de espacios públicos en Barcelona, que han contribuido a consolidar la nueva imagen de la ciudad. A este despacho, con proyección internacional, se debe la planificación urbana del nuevo barrio de la Vila Olímpica, nacido a partir del los JJ.OO. del 92.

The MBM trío first came to international attention in the early 70s. The office has produced a series of residential buildings dotted around Barcelona, as well as major infrastructures and urban and domestic furniture. Oriol Bohigas is the best-known of the three partners; since he was a young man he has been a leading figure on the Barcelona architecture scene –in the 50s he was a member of Grupo R, alongside Coderch, Sostres and Antoni de Moragas, amongst others. His political achievements as delegate of Barcelona City Council's urban projects department were of key importance in the recovery and the creation of the public spaces which contributed so much to establishing the city's new image. The internationally acclaimed MBM office took charge of the urban planning of the Olympic Village, reconstructed for the '92 Games and subsequently incorporated as a new district of the city.

José Antonio Martínez Lapeña/ Elías Torres

Roca i Batlle, 14, 1º. 08023 Barcelona.
Tel. 93 2121416

Trabajan en equipo desde 1968. Sus viviendas en la Vila Olímpica de Barcelona, el Hospital de Mora d'Ebre, y los Jardines de Villa Cecilia en Barcelona, ostentan el Gran Premio FAD de Arquitectura. Son autores de la restauración del banco perimetral y la sala hipóstila del Parc Güell. En 1995 recibieron el Belca Prize por el Kumamoto Annex Museum, realizado en Japón. Sobresalen sus incursiones en el diseño de mobiliario urbano como la farola "Lampelunas", premiada con un Delta de Oro, y la marquesina "Palli" de las paradas de autobuses de Barcelona, Delta de Plata.

They have been working together since 1968. Their apartment building in the Olympic Village, their hospital in Mora d'Ebre and their Vil·la Cecilia gardens in Barcelona all won the FAD Architecture Grand Prix. They were responsible for restoring the perimeter bench and the hypostile hall in Park Güell. In 1995 they received the Belca Prize for the Kumamoto Annex Museum in Japan. Also of note are their incursions into the design of street furniture, such as the "Lampelunas" street lamp, which won a Delta de Oro, and the "Palli" bus shelter for Barcelona, which won a Delta de Plata.

J.M. Massana/J.M. Tremoleda

Enric Granados, 114. 08008 Barcelona.
Tel. 93 4157876

Diseñadores y empresarios, han desarrollado su actividad profesional estrechamente vinculados a la productora Mobles 114. Desde finales de los 60, y como diseñadores, han aportado una importante colección de productos para el equipamiento del hábitat. En toda su producción han apostado por innovar con discreción formal, y por la racionalidad funcional y productiva, lo que les ha valido una gran aceptación en el mercado.

Both designers and entrepreneurs, they have developed their professional activities in close association with the Mobles 114 firm. Since the late 60s they have designed a very significant number of items for the domestic environment, and in all of their work have clearly opted for innovation combined with formal discretion and functional and productive rationalism, qualities which have earned them a privileged place in the market.

Josep Lluís Mateo

Pg. de Gràcia, 108, 6°. 08008 Barcelona.
Tel. 93 2186358

La pavimentación que realizó en el pueblo medieval de Ullastret fue considerada uno de los mejores trabajos de arquitectura española de los 80 (Biennal de Santander 1990). Es autor del Edificio Central de la Zona Deportiva de la Universidad Autónoma de Bellaterra, y actualmente está involucrado en diversos proyectos en Europa. El objetivo de su estudio es intentar conectar la actividad constructiva con la investigación intelectual, algo que guió a este arquitecto durante los años en que fue director de la revista *Quaderns d'Arquitectura i Urbanisme* desde 1981 a 1990, periodo en el que la publicación recibió varios premios.

His paving scheme for the mediaeval village of Ullastret is regarded as one of the finest works of Spanish architecture of the 80s (Bienal de Santander 1990). He designed the Central Building of the Sports Zone at the Universitat Autònoma in Bellaterra, and is currently working on several products in other European countries. His office's key principle is to seek to connect construction processes with intellectual research, the same objective which guided Mateo's editorship of *Quaderns d'Arquitectura i Urbanisme* from 1981 until 1990, a period in which the magazine received a number of awards.

Miguel Milá

Cervantes, 7, entl. 08002 Barcelona.
Tel. 93 3186068

Milá es, junto a André Ricard, figura clave en la evolución del diseño industrial catalán en calidad de pionero. Autodidacta, formado en la escuela de arquitectura, influenciado por Coderch, el diseño escandinavo y el italiano, montó su propio estudio en 1958 tras una etapa de trabajo junto a Correa/Milá. Ha sido presidente del ADI/FAD los años 1974, 1975 y 1984, y Premio Nacional de Diseño en 1987.

Cuenta con numerosos premios Delta de Oro y Plata por sus diseños en el campo de la iluminación, chimeneas y mobiliario. Las lámparas TMC y TMM son clásicos modernos y responden a su faceta intuitiva de *bricoleur* pasado al diseño industrial. Las nuevas unidades del metro de Barcelona, una colección de mobiliario urbano y la *chaise longue* "Letargo", primer premio de la Comunidad de Murcia 1997, forman parte de su última producción.

Milá is, together with André Ricard, a crucial and pioneering figure in the evolution of Catalan industrial design. Self-taught, having trained as an architect, influenced by Coderch and Scandinavian and Italian design, he set up his own studio in 1958, after working for the architects Correa & Milá. He was president of the ADI-FAD in 1974, 1975 and 1984, and won Spain's Premio Nacional de Diseño in 1987. He has also won numerous Delta de Oro and Delta de Plata prizes with his designs for lighting, fireplaces and furniture. His TMC and TMM lamps are modern classics, and good examples of his application of a "D.I.Y." approach to industrial design. Barcelona's new metro trains, a collection of street furniture and the Letargo chaise longue —1st Prize of the Comunidad de Murcia 1997— all figure amongst his recent production.

Enric Miralles/Benedetta Tagliabue
Pg. Pau, 10 bis, pral. 08002 Barcelona. Tel. 93 4125342

Es uno de los nombres más reconocidos de la generación de arquitectos que despegó profesionalmente en los 80. La habilitación de su propio despacho, instalado en la planta noble de un edificio señorial de finales del XIX, forma parte de su redescubrimiento personal del centro histórico de Barcelona. Entre sus obras más recientes se encuentran el Parque Cementerio de Igualada, el Pabellón Heaven para el Tateyama Museum, el Pabellón de Meditación en Unazuki, en Japón, y el Palacio de Deportes en Huesca. Actualmente trabaja en proyectos como el Mercado de Santa Caterina de Barcelona, la ampliación del Museo de la Cácova en Buenos Aires, o la rehabilitación del Puerto de Bremerhaven, en Alemania; ejemplos del prestigio internacional del que goza su arquitectura. Los últimos premios con los que ha sido galardonado son el Lione d'Oro Biennale di Venecia, 1996, y el Premio Nacional de Arquitectura Española, 1995.

His name is one of the most widely recognized of that generation of architects which took off in the 80s. His conversion of the *piano nobile* of a once grand 19th-century town house to accommodate his own office can be seen as part of his personal rediscovery of Barcelona's historic centre. Amongst his most recent works are the Parc Cementiri in Igualada, the Heaven Pavilion for the Tateyama Museum, the Pavilion of Meditation in Unazuki, Japan, and the Sports Palace in Huesca. He is currently working on projects for the Santa Caterina market in Barcelona, an extension to the Museo de la Cácova in Buenos Aires and the rehabilitation of the old port in Bremerhaven in Germany, which may serve to indicate the international reputation of his architecture. His most recent prizes were the Leóne d'Oro at the Venice Biennale in 1996 and the Premio Nacional de Arquitectura Española in 1995.

Antoni de Moragas
Balmes, 186. 4° 2ª. 08006 Barcelona. Tel. 93 2187744

Arquitecto e interiorista, autor de la reforma del Café de la Ópera, del restaurante brasserie Flo y del Frare Blanch (hoy Sant Agustí), en 1990 obtuvo el Premio Ciudad de Barcelona de Restauración por su trabajo en el Hotel Park, un interesante ejemplar de la arquitectura de los 50. Es autor de diversas viviendas unifamiliares que ostentan premio FAD, como la casa Gay y la Amat. En el 92 construyó la piscina olímpica de Montjuïc.

An architect and interior designer, he has refurbished the Café de la Opera, the Brasserie Flo restaurant and the Frare Blanch (now Sant Agustí), and in 1990 won the Ciutat de Barcelona award for his work on the Hotel Park, an interesting example of 50s architecture. He has designed several FAD-winning private houses, such as the Gay house and the Amat house. In 1992 he built the Olympic swimming pool on Montjuïc.

Alicia Núñez
Riera de Sant Miquel, 34.
08006 Barcelona. Tel. 93 2173361

Algunas de sus obras como el bar Zig Zag, premio FAD 1980, y la discoteca Otto Zutz, forman parte de la historia más creativa del interiorismo barcelonés nocturno. En 1996 Núñez crea su Laboratorio de Objetos, un estudio de diseño y arquitectura, que incluye taller de carpintería y *show-room*, donde producen diseños de mobiliario propios y de otros creadores. Una forma de trabajar globalizadora guiada por el trinomio diseño-arte-artesanía.

Some of her work -such as the Zig Zag bar (FAD prize 1980) and the Otto Zutz discotheque- forms part of the most creative interior design history of Barcelona night life. In 1996 she set up, with Enric Miralbell, the Laboratorio de Objetos, an architecture and design studio which also includes a carpentry workshop and a showroom, where they actually produce furniture, both their own and by other designers, in an all-embracing integral way of working guided by the trinomial design-art-craft.

Jorge Pensi
Pl. Ramón Berenguer el Gran, 1. 08002 Barcelona. Tel. 93 3103279

Arquitecto y diseñador nacido en Buenos Aires, actualmente colabora con empresas de todo el mundo para el diseño de productos. En 1977 se estableció en Barcelona especializándose en el área de mobiliario, iluminación, imagen visual de los productos proyectados y diseño de montajes para eventos. Entre sus trabajos más conocidos están los asientos para Perobell, los sistemas de iluminación para B-Lux, las series "Hola" y "Capa" para Kusch+Co, o su multipremiada silla "Toledo", hoy ya pieza de museo incluida en las colecciones permanentes de centros como el Vitra Design de Basilea.

An architect and designer, originally from Buenos Aires, he undertakes product design work for clients all over the world. He settled on Barcelona in 1977, concentrating in the fields of furniture, lighting, the visual image and presentation of the product and the design of spaces and settings for special events. Amongst his best known designs are the seats for Perobell, the lighting systems for B-Lux, the "Hola" and "Capa" series for Kusch+Co and his multiple prize-winning "Toledo" chair, now a consecrated classic found in permanent collections such as that of the Vitra Design Centre in Basle.

Carme Pinós
Diagonal, 490, 3° 2ª. 08006 Barcelona. Tel. 93 4160372

Hasta 1991 formó estudio con Enric Miralles. En este período realizó proyectos como el cementerio de Igualada, las instalaciones de Tiro al Arco para los JJ.OO. de Barcelona o el Centro Social de Hostalets de Balenyà. A partir de 1991 crea su propio estudio, llevando a cabo, entre otros, proyectos como el puente peatonal de Petrer, la remodelación del Paseo Marítimo de Torrevieja o el frente litoral en Punta Prima, en Alicante. Ha sido galardonada en diversas ocasiones con el premio FAD, y en 1995 recibió el Premio Nacional de Arquitectura por la Escuela Hogar de Morella (Castellón). Ha desarrollado una intensa labor docente en universidades de Europa y EE.UU. como profesora invitada y conferenciante. Desde 1998 trabaja asociada con el arquitecto Juan Antonio Andreu.

Until 1991 she worked in partnership with Enric Miralles, with whom she carried out projects which include the Igualada Cementery, the Archery facilities for the Barcelona Olympics and the Community Centre in Hostalets de Balenyà. Since 1991 she has run her own studio, working on projects such as Petrer pedestrian bridge, the remodelling of the seafront promenade in Torrevieja and the seafront at Punta Prima in Alicante, among others. She has been awarded a number of FAD prizes, and in 1995 received Spain's National Architecture prize for the College of Domestic Science in Morella (Castellón). She has been extensively involved in teaching at universities in Europe and the USA as a visiting tutor and lecturer. Since 1998 she has worked in association with the architect Juan Antonio Andreu.

Ramón Pujol

Ramblas, 58, 2° 2ª. 08002 Barcelona.
Tel. 93 4121375

En su despacho, desde hace más de una década, se hacen los escaparates de Vinçon, la tienda más emblemática del diseño barcelonés, que naturalmente despunta también por la creatividad de sus aparadores. Además de proyectos de interiorismo, Pujol realiza estands, montajes efímeros y exposiciones, entre las que destaca *El segle del Cinema*, 1995. Este autor tiene en su haber varios premios FAD, y es el diseñador y promotor del Textil Cafè-Botiga Textil y el Cafè d'Estiu, dos establecimientos con carácter propio situados en la Barcelona gótica.

For more than ten years now, Pujol's office has been doing the window displays for Vinçon, the flagship store of Barcelona design, which naturally looks for the very highest standards of creativity in its window dressing. In addition to interior design projects, Pujol also does stands and staging for events and exhibitions, such as his 1995 *El segle del Cinema*. He has won several FAD prizes, and is the designer and entrepreuner behind the Textil Cafè-Botiga Textil and the Cafè d'Estiu, two distinctive establishments in Barcelona's Gothic quarter.

Mariona Raventos/Jordi Miralbell

Pomaret, 30, bajos. 08017 Barcelona.
Tel. 93 4183897

Estudiaron diseño en la escuela Elisava de Barcelona, donde coincidieron en su interés por los materiales y el volumen. Mientras Raventos aporta su talento para la pintura y el mundo del color, Miralbell añade sus dotes para el diseño gráfico, formando un equipo capaz de abarcar desde el diseño de producto hasta proyectos de interiorismo o dirección de arte. Desde 1990 proyectan sus colecciones para las firmas Santa&Cole y Disform, formando parte de su comité editor. Especializados en el campo de la iluminación, ostentan el premio nacional Nuevo Estilo de 1994.

They both studied design at the Escola Elisava in Barcelona, where they found a shared interest in materials and volume. While Raventos focuses her talents on painting and the world of colour, the basis of Miralbell's contribution is his gift for graphic design; together they form a team equipped to take on everything from product design to projects for interiors and art direction. Since 1990 they have been designing collections for Santa & Cole and Disform, and sit on the firms' production advisory boards. Specialists in the field of lighting, they won the national Nuevo Estilo prize in 1994.

Carles Riart

Buscarons, 11, 2° 3ª. 08022 Barcelona.
Tel. 93 2116201

Interiorista y diseñador de mobiliario, desde sus inicios ha desarrollado una obra personal, sin estar pendiente de los condicionamientos de la industria y

menos de las modas. Tras casi tres décadas de trabajo y con numerosos premios de diseño nacionales e internacionales, en su trayectoria es remarcable el empleo de materiales nobles y cálidos y los colores intensos combinados sin prejuicios. Su *chaise-longue* es una auténtica aportación al universo del asiento, al introducir un plano alabeado que permite tumbarse en distintas posiciones. Piezas como el sillón "Vallvidrera", la "Banqueta", el "Cómodo", la lámpara "Colilla", el "Telón de Fondo", la mesa "Tamariu" o el "Mueble de las Peonzas", demuestran que Riart es uno de los mejores diseñadores de nuestro tiempo.

A designer of furniture and interiors, from the outset he has developed a highly personal style, not conditioned by the industry and its pressures, and still less by passing fashions, and now has close to three decades of achievement, and with numerous Spanish and international design prizes to his credit. One remarkable feature of his work is his use of warm and noble materials and intense colours, in very open-minded combinations. His Chaise-longue, with its warped surface inviting a variety of positions, is an outstanding contribution to the universe of seating. Pieces such as the "Vallvidrera" armchair, the "Banqueta", the "Cómodo", the "Colilla" lamp, the "Telón de Fondo", the "Tamariu" chair and the "Mueble de las Peonzas" show Riart to be one of the great designers of our time.

André Ricard

Capità Arenas, 3, bajos.
08034 Barcelona. Tel. 93 2801272

Ricard, junto con Milá, pertenece al grupo de diseñadores que introdujo el concepto de diseño en España y se ocupó de propagarlo. Ha sido fundador y presidente del ADIFAD y del ADP y sus diseños han merecido numerosos premios Delta; en 1987 recibió el Premio Nacional de Diseño. Desde que la firma de perfumes Puig le confiara el diseño de su línea de envases, cuando la palabra diseño no existía para la mayoría, hasta nuestros días, Ricart ha colaborado con más de medio centenar de empresas, nacionales y extranjeras. Algunos de sus hitos en diseño son el cenicero "Copenhagen", claro exponente de su filosofía de trabajo, el frasco de perfume para Carolina Herrera, y la antorcha olímpica para los JJ.OO. de Barcelona 92.

Ricard, together with Miguel Milá, belongs to the group of creative talents who introduced the concept of design into Spain and set about propagating it. A founder member and former president of the ADI-FAD and the ADP, his designs havewon numerous Delta prizes, and in 1987 he was awarded Spain's Premio Nacional de Diseño. Ever since the Puig perfume company commissioned him to design the botles for their scents, at a time when design simply didn't exist for most people, up to the present, Ricard has worked with more than fifty different firms, Spanish and foreign. Amongst the milestones in his design career are the Copenhagen ashtray, a clear embodiment of his working philosophy, the Carolina Herrera perfume bottle, and the Olympic torch for the Barcelona '92 Games.

Manuel Ruisánchez/ Xavier Vendrell

Aribau, 282, 6° 5ª. 08006 Barcelona.
Tel. 934 141 614

Forman despacho de arquitectura desde 1988, año en el que obtuvieron el primer premio en el concurso de proyectos para el parque del Poblenou y para la pista de atletismo en la Vila Olímpica. Ambas realizaciones forman parte del barrio más joven de la ciudad, legado de las Olimpiadas del 92, y de la nueva Barcelona abierta al mar. Tras ganar el Concurso del Parc del Nord en Terrassa en 1996, acaban de recibir el premio FAD de Arquitectura 1997 por la Escuela Riumar de Deltebre, Tarragona.

They set up their architects' practice in 1988, the same year they won first prize in the design competition for the Poblenou park and the athletics track in the Olympic Village, two interventions which helped form the city's newest district, a product of the '92 Olympics and Barcelona's renewed contact with the sea. After winning the competition for the Parc del Nord in Terrassa in 1996, they received the 1997 FAD architecture prize for their Riumar de Deltebre school in Tarragona.

Martín Ruiz de Azúa

Aribau, 67, 3°1ª. 08011 Barcelona.
Tel. 93 4538827.

Pertenece a la generación que ha dado a conocer su trabajo a finales de los 90. Procedente del campo de las Bellas Artes, en sus diseños se deja notar su formación, y un cierto cultivo del objeto con buen humor. Ha colaborado con empresas como Vinçon, Metalarte, Carpyen y Nou Vapor, en la realización de proyectos de iluminación. Algunas de sus últimas piezas se han expuesto en la Galería Carles Poy. Tiene en su haber el premio Expo-hogar 97. Entre sus trabajos más recientes está la colaboración con la empresa de cerámica alemana Rosenthal, y su participación en la muestra internacional de jóvenes diseñadores organizada por la galería Opos de Milán.

He belongs to the generation whose work came to the fore in the late 90s. With a background in Fine Art, the influence of his art training can be seen in his designs, together with a certain cultivation of the object with a sense of humor. He has worked with firms such as Vinçon, Metalarte, Carpyen and Nou Vapor in the realization of lighting projects. A number of his recent pieces have been shown in the Galeria Carles Poy. He was awarded the Expo-hogar 97 prize. Among his most recent ventures are a collaboration with the German ceramics manufacturer Rosenthal and his participation in the international show of young designers organized by the Opos gallery in Milan.

Estrella Salietti
Taquígrafo Garriga, 70.
08029 Barcelona. Tel. 93 3213958

Decoradora fuera del circuito *design* de Barcelona, junto con Mª José Anklí fundó el Estudio Dsan, y son consideradas las interioristas de la *jet*, con proyectos como los restaurantes La Vaquería, al que se podía acceder desde su propio estudio, o el restaurante-boite-piano bar Oliver&Hardy, situado en el edificio vecino del Barcelona Hilton. Posteriormente y con el nombre Estudio Estrella Salietti, el despacho se ha trasladado a una amplia torre de tres pisos. Entre sus realizaciones más recientes están los restaurantes de ambiente marinero El Magatzem y La Barceloneta en el Port Vell de Barcelona.

A decorator who works outside of the Barcelona design circuit, she founded Estudio Dsan with M.ª José Ankli. The two partners were regarded as the interior designers of the city's jet set, on the strength of projects such as those for the restaurant La Vaquería —with direct access from the Dsan studio itself— and the Oliver & Hardy restaurant-night club-piano bar in the building next door, the Barcelona Hilton. Subsequently, under the name of Estudio Estrella Salietti, the team moved office, to a spacious three-storey house. Amongst their most recent interventions are two restaurants with a maritime flavour, El Magatzem and La Barceloneta, both in the city's Port Vell.

Pascual Salvador
Pl. Sant Josep Oriol, 4, 2°3ª.
08002 Barcelona. Tel. 93 3015194

Diseñador industrial y de interiores, es significativa también su labor docente como profesor del taller de proyectos de diseño industrial en la Escuela Eina de Barcelona, en el Museo de Diseño Vitra, en Alemania, y en la Universidad de Quito, Ecuador. Fue vencedor en el concurso de diseño de mobiliario interior para el Pabellón de España en la Expo'92. Su lámpara "Galilea" para Carypen, ostenta un Delta de Plata ADI-FAD. En 1999 su Programa de Merchandising "Acta" para Vilagrasa obtiene el Delta de Oro. Colabora con importantes firmas nacionales en diseño y asesoría de producto e imagen corporativa como: Akaba, Carpyen, Herma, Perobell, Biok, o Vilagrasa.

An industrial and interior designer, he is also well known for his teaching activities as a tutor in the industrial design projects workshop at the Escola Eina in Barcelona, in the Vitra Design Museum in Germany, and in the University of Quito in Ecuador. He came first in the competition for the design of the furniture for the Spanish Pavilion at Expo '92; his "Galilea" lamp for Carypen received a Delta de Plata ADI-FAD prize, and in 1999 his "Acta" Merchandising Programme for Vilagrasa won the Delta de Oro award. He works with a number of leading Spanish firms as a designer and as a product and corporate image consultant, including Akaba, Carpyen, Herma, Perobell, Biok and Vilagrasa.

Eduard Samsó
Tallers, 77, ático. 08001 Barcelona.
Tel. 93 4121243

A Samsó se deben muchos de los espacios de moda surgidos en la década de los ochenta en Barcelona. Es autor de tiendas como Jean Pierre Bua y Teresa Ramallal, y de locales como el bar Nick Havanna, Premio FAD de la Opinión, y del restaurante Network, realizado en colaboración con Alfredo Arribas, y ganador de un FAD de Interiorismo. En su faceta de diseñador de muebles cuenta con una vasta producción que va del asiento al espejo, pasando por la creación de alfombras.

Samsó is responsible for many of the fashionable spaces which sprang up in Barcelona in the 80s. He created shops such as Jean Pierre Bua and Teresa Ramallal, and venues such as the Nick Havanna bar -winner of a FAD Opinion prize- and the Network restaurant, designed in conjunction with Alfredo Arribas, which won a FAD Interior Design prize. His output as a furniture designer is truly vast, ranging from chairs to mirrors, and taking in rugs along the way.

Pete Sans
Nou, 1. 17465 Camallera (Girona).
Tel. 972 795077

Empezó su trayectoria como diseñador gráfico y en 1980 se decantó finalmente por el diseño industrial. Vive y crea muebles, lámparas y objetos varios, en su masía del Empordà, rehabilitada por él mismo. Entre sus diseños más conocidos se encuentran la "Lamparaprima", la silla "Bruja", la mesa "Arácnida" y todo el mobiliario para el Instituto Francés de Barcelona. En 1988 obtuvo el Delta de Oro por la silla de mimbre "Coqueta". En 1994

crea su propia productora, Pete Sans Sistemes Integrals, para la que diseña el sistema de mobiliario de oficina "Aula". He began his career as a graphic designer, before making the switch to industrial design in 1980. He lives in an old farmhouse in the Empordà shich he refurbished himself, where he creates furniture, lamps and objects of different kinds. Amongst his best known designs are the "Lamparaprima", the "Bruja" chair, the "Arácnida" chair, and all of the furniture for the Institut Français in Barcelona. In 1988 he won a Delta de Oro for the "Coqueta" wicker chair. In 1994 he set up his own production company, Pete Sans Sistemes Integrals, which manufactures his "Aula" office furniture system.

Manuel de Solà-Morales
Santa Magdalena Sofía, 4.
08034 Barcelona. Tel. 93 2034798

Arquitecto y urbanista, autor de la controvertida remodelación del Passeig Colón y del Moll de la Fusta, de estilo ecléctico, donde se mezclan elementos tradicionales y tecnológicos. Es coautor, junto a Rafael Moneo, del proyecto de la supermanzana de la Diagonal, l'Illa, explicado en su día como un "rascacielos tumbado".
An architect and urban designer, responsible for the controversial remodelling of the Passeig de Colom and the Moll de la Fusta, with their eclectic mix of traditional and techy elements. He designed, in conjunction with Rafael Moneo, the superblock on the Diagonal, l'Illa, described at the time by its architects as a "horizontal skyscraper".

Tonet Sunyer
Jesús i Maria, 31. 08022 Barcelona.
Tel. 93 2122444

Este arquitecto que destaca también por sus trabajos de interiorismo, tiene en su currículum de los años 80 dos pequeñas joyas de diseño: la coctelería Bijou y la joyería Berao. Son remarcables sus proyectos para viviendas unifamiliares, por las que ha recibido diversas distinciones y premios. Sunyer es autor del discutido nuevo Quiosco de Flores para las Ramblas. De su diseño original sólo existe un ejemplar, el que adoptó Flores Las Carolinas, la parada centenaria más antigua, pero más avanzada, de la popular avenida.
This architect, also highly regarded for his interior design work, produced two perfect little gems in the 80s: the since vanished Bijou bar and the Berao jewellers' shop. Equally outstanding are his projects for private houses, which have earned him various awards and prizes. He also designed the controversial new florists' kiosks for the Rambla de les Flors, although the only one which has been constructed exactly according to his design is Flores Las Carolinas, the oldest and at the same time the most forward-looking flower stall on the Rambles.

Gabriel Teixidó
Joan Oliver, 14, 2° 3ª.
Sant Cugat del Vallès (Barcelona).
Tel. 93 5891107

Diseñador industrial con realizaciones en el campo del mobiliario de oficina, como las mesas de ordenador "Basic" para el Grupo T, la serie de asientos para la firma Grassoler y sistemas de iluminación. Entre otros, ha realizado trabajos para Disform, Andreu World y Enea.
A product designer who has worked in the field of office furniture, creating pieces such as the Basic computer desk for Grupo T, a range of seating for Grassoler and various lighting systems, his list of clients includes Disform, Andreu World and Enea.

Jaime Tresserra
Josep Bertrand, 17, bajos.
08021 Barcelona. Tel. 93 2004922

Rechazar los condicionamientos industriales, en los que tantas veces la belleza se pierde en busca de la máxima rentabilidad, ha sido el principal objeti-

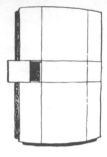

vo de Tresserra a la hora de crear sus piezas de mobiliario. Para hacer realidad este compromiso estético, ha optado por el buen hacer artesanal y los materiales más nobles. Su diseños han cosechado distintos premios internacionales y algunas de sus piezas figuran expuestas en museos de arte. La singularidad de sus creaciones ha hecho que fueran seleccionadas para aparecer en famosas producciones cinematográficas internacionales.

The refusal to be conditioned by industrial factors, which so often sacrifice beauty to bigger profits, has been Tresserra's key principle in creating his furniture designs. In giving form to this committed aesthetic stance he opts for painstaking craft techniques and the finest materials. His designs have won various international awards, and some of his furniture is to be seen in museums and art galleries. The individuality of his work has also led to a number of his pieces being chosen to feature in the sets of several famous international films.

Oscar Tusquets
Cavallers, 50. 08034 Barcelona.
Tel. 93 2805599

Cofundador del extinguido Studio Per y de la productora BD Ediciones de Diseño; con el primero inició su carrera de arquitecto, y con la segunda el diseño de muebles y objetos. Tusquets que se declara arquitecto por formación, pintor por inclinación y diseñador por vocación, se ha mostrado prolífico en los últimos años en la creación de mobiliario y objetos, algunos incluidos en las colecciones de distintos museos del mundo. Entre los últimos trabajos: la silla "Doble X", para Moroso, el silloncito "Fina Filipina", premio Delta de Plata 93, la moqueta "Trencadis", producida por Vorwerk, 92, o la vajilla, cubertería y copas Victoria, de Driade, Premio Delta de Plata 1991. Desde 1987 cola-

bora con Carlos Díaz para el desarrollo de su obra arquitectónica. Son autores del Hotel Alimara-CETT, hotel y escuela de turismo y hostelería en el Valle Hebrón de Barcelona, el Auditorio Alfredo Kraus en las Palmas de Gran Canaria, las Cavas Chandon en el Penedès, o el proyecto en el centro histórico de Den Bosch, en Holanda.

One of the founders of the now defunct Studio Per, and of the B.D. Ediciones de Diseño production company; with the former he launched his career as an architect, with the latter his career as a designer of furniture and objects. In recent years Tusquets, who has described himself as an architect by training, a painter by inclination and a designer by vocation, has been particularly prolific in the last of these

fields, with examples of his work forming part of the collections of some of the world's leading museums. His recent work includes the "Doble X" chair for Morosos, the "Fina Filipina" armchair (Delta de Plata prize 1993), the "Trencadis" carpet produced by Vorwerk in 1992, and the Victoria range of tableware for Driade (Delta de Plata prize 1991). Since 1987 he has developed his architectural work in partnership with Carlos Díaz. Together they have designed the Hotel Alimara-CETT, Hotel and School of Tourism and Catering in Barcelona's Vall d'Hebron, the Auditorio Alfredo Kraus in Las Palmas de Gran Canaria, the Cavas Chandon bodegas in the Penedès and a project for the historic centre of S'Hertogenbosch in Holland.

Albert Viaplana/Helio Piñón
Albert Viaplana
Aribau, 318, ático. 08006 Barcelona.
Tel. 93 2006175
Helio Piñón
Madrazo, 54, 1°3ª. 08006 Barcelona.
Tel. 93 2004937

Desde 1998 este prestigioso tándem de

arquitectos trabaja por separado. Una de sus obras más conocidas en Barcelona es el centro comercial Maremagnum y la Rambla de Mar. A ellos se debe la remodelación del Centre de Cultura Contemporánea de Barcelona; o la denominada plaza dura del Países Catalans, frente a la estación de Sans. Este equipo de arquitectos goza de gran reconocimiento, pero al mismo tiempo sus obras suscitan posiciones encontradas; han sido galardonados en repetidas ocasiones. Todos los trabajos aquí mencionados han merecido premios, tales como el FAD de Arquitectura o el Ciudad de Barcelona.

Since 1998 these two prestigiosus architects have been working separately. One of their best-known works in Barcelona is the Maremagnum shopping complex and the Rambla de Mar. They also remodelled the historic Casa de la Caritat to house the CCCB and laid out the so-called "hard square" of the Plaça dels Països Catalans in front of Sants station. For all that their architecture arouses conflicting reactions, Viaplana and Piñon enjoy a very considerable international reputation, and have received numerous awards and honours. All of the works mentioned here have won prizes, such as the FAD for architecture and the Ciutat de Barcelona.

SUGERENCIAS
SUGGESTIONS

Jaume Bach-Gabriel Mora:
Azotea de la Pedrera.
The roof of the Pedrera.

Ramón Benedito:
El singular *show-room* de Santa&Cole.
The remarkable Santa & Cole show-room.

Ricardo Bofill:
La Colonia Güell de Gaudí en Sant Boi de Llobregat.
Gaudí's Colonia Güell in Sant Boi de Llobregat.

Cinnamond-Torrentó-Sala:
Museo de Arte Contemporáneo de Barcelona MACBA.
The MACBA (Museu d'Art Contemporani de Barcelona).

Cristian Cirici & Jaime Tresserra:
Mercado de La Boquería y comida en la barra del bar Pinocho.
The Boqueria food market and lunch or a snack at the counter of Pinotxo's bar.

Franc Fernández:
La cubierta de Santa Maria del Mar.
The roof of Santa Maria del Mar.

Jordi Garcés:
Cementerio de Montjuïc por su trazado arquitectónico y vistas al mar.
Montjuïc cemetery, on account of its architectural layout and views of the sea.

Antoni de Moragas:
Restaurante mallorquín (Rancho Grande).
The Mallorcan restaurant (Rancho Grande).

Alicia Núñez:
L'Hivernacle del Parc de la Ciutadella.
The Hivernacle in the Parc de la Ciutadella.

**Mariona Raventos/
Jordi Miralbell:**
La Fundació Miró, el pabellón Mies van der Rohe y el Parc Güell.
The Fundació Miró, the Mies van der Rohe pavilion and Park Güell.

Oscar Tusquets:
El Umbráculo del Parc Güell.
The hypostile hall in Park Güell.

**Manuel Ruisánchez/
Xavier Vendrell:**
Subir a la Atalaya del Tibidabo y comer en el restaurante El Pescadito Frito.
Going up to the observation esplanade near the top of Tibidabo and eating in the restaurant El Pescadito Frito.

INDICE DE VOCES
INDEX OF ENTRIES

● **Arquitectura modernista.
Fin de siglo en Barcelona**
Ignasi de Solà-Morales / Fotografías de Eugeni Bofill,
Francesc Morera, Roser Puigdefàbregas
240 páginas, 25,5 x 25,5 cm
354 ilustraciones en color, 20 en b/n

● **Arata Isozaki. Barcelona Drawings**
Oriol Bohigas / Xavier Güell
76 páginas, 29,7 x 42 cm
30 ilustraciones en color y b/n

Guías de Arquitectura
● **Gaudí**
Xavier Güell
168 páginas, 23 x 14 cm
400 ilustraciones en b/n

● **Barcelona. Guía de arquitectura. 1929-2000**
Antonio González / Raquel Lacuesta
208 páginas, 23 x 14 cm
155 fichas ilustradas en b/n

Guía de arquitectura modernista en Cataluña
Raquel Lacuesta / Antonio González
214 páginas, 23 x 14 cm
151 fichas ilustradas en b/n

● **These titles are also available in English**